자영업자가 꼭 알아야 할 법률지식 및 사업자금 조달방법

최종배 編著

 법률출판사

머리말

 우리나라에는 540만 명 정도의 자영업자가 활동하고 있다고 합니다. 전체 사업자의 80퍼센트 이상이 자영업자인데, 이들이 5년 이상 살아남을 확률은 20%도 되지 않는다는 통계가 있습니다. 참으로 안타까운 현실입니다. 그 이유를 음식업·숙박업 등 부가가치가 낮은 자영업의 시장 구조에서만 찾을 수 있을까요?
 이러한 문제점을 시정하고자 중소기업청과 대부분의 지방자치단체들은 '소상공인 컨설팅·창업스쿨·사관학교', '자영업자 창업 아카데미' 등등의 명칭을 내걸고 자영업자·예비상공인들을 상대로 교육 내지 지원을 하고 있습니다. 그러나 이들 교육 내지 컨설팅이 자영업을 시작하려는 사람이나 영업 중인 소상공인들에게는 그 다지 도움이 되지 않는다고 말합니다. 그 이유는 자영업자가 겪고 있는 결정적인 어려움(시쳇말로 "사업이 망하는 원인")을 제대로 간파하지 못하기 때문으로 보입니다. 이들 커리큘럼을 살펴보면 창업자의 자세, 상권의 분석요령, 공제제도의 활용방법 등에 국한됨을 알 수 있습니다. 정작 필요한 법률지식의 전달에는 매우 소극적이라는 문제점이 발견됩니다.

자영업자 내지 소상공인이 사업에서 실패하는 수많은 요인 중에서도 가장 치명적인 요인은 우리의 법제도에 있다고 말해도 과언이 아닙니다. 이를 구체적으로 살펴보면, 아마도 임대보증금이나 권리금을 통째로 잃는 경우가 가장 두려운 문제일 것입니다. 자영업자가 이 문제로 인하여 모든 재산을 날려버리는 이유는 「상가건물 임대차보호법」이 임차인보다는 임대인과 친하기 때문입니다. 그나마 최근 위 법률의 일부를 개정하여 '권리금'을 보호하려는 시도를 하고 있으나 여전히 임차인의 보호에는 미흡합니다. 그렇지만 어떤 어려움이 있더라도 보증금과 권리금만은 지킬 수 있어야 합니다.

각종 조세와 준조세인 4대사회보험도 자영업자에게는 큰 부담으로 다가옵니다. 게다가 여러 종류의 근로관계 법령에서 규정하는 의무사항들이 부담을 가중시킵니다. 그 뿐만 아니라 무지로 인하여 타인의 상호나 상표권 등을 침해하는 경우에는 큰 문제가 될 수 있습니다. 즉 자영업을 영위함에 있어 관련 법률에 관한 기초적인 지식이 부족한 탓에 손해를 보는 일은 막아야 합니다. 벌금, 과태료, 과징금, 부가금, 가산금 등은 세금정산에서 공제나 환급도 기대할 수 없는 지출입니다.

우리나라는 가히 가맹사업(프랜차이즈)의 왕국입니다. 미국에 이어 두 번째로 닿다고 합니다. 여기에서도 가맹본부 아닌 가맹점사업자에게는 위험요인이 여러 곳에 도사리고 있습니다.

　조세와 관련해서는 정산과 환급제도가 있고, 4대사회보험과 고용 관계 법령들에서는 자영업자가 보조금을 지급받을 수 있는 요건 등도 여러 법률에서 규정하고 있습니다. 그리고 급할 때 낮은 이자율에 의해 유용하게 쓸 수 있는 자금의 조달 수단들도 알아둘 필요가 있습니다.

　이 책은 자영업자가 알아두면 유익할만한 정보들 중 중요한 것들만을 엄선하여 엮었습니다. 대한민국의 경제사정은 무척 어렵습니다. 그러나 자영업자 여러분 힘내시고, 나날이 번창하기를 기원합니다.

발행인과 편저자 드림

차 례

1. 상가건물 임대차보호법 ···15
    1. 상가건물 임대차보호법 ··16
        1. 임대차에 관한 이해 ··16
        2. 「상가건물 임대차보호법」 개관 ·····························22
        3. 법률의 적용 범위 ···23
        4. 권리금 이해하기 ··28
            가. 권리금의 의의 ···28
            나. 현행 상관습 ··29
            다. 개정 법률의 신설규정 ·····································31
        5. 대항요건(대항력) ··44
            가. 의의 ··45
            나. 대항력의 요건 ···46
            다. 대항력의 효과 ···50
        6. 소액임차인의 보호(보증금의 우선변제권) ···············54

7. 임대차 기간 ·· 60
8. 계약갱신요구 및 차임 등의 증감청구 ························· 61
9. 월차임(月借賃) 전환의 경우 산정율(算定率) 제한 ········ 65
10. 보증금의 회수 ·· 66
11. 임차권등기명령 ··· 68
    가. 제도의 취지 및 명령신청의 요건 ························ 68
    나. 신청의 방식 ··· 68
    다. 재판절차 ·· 76
    라. 명령의 효과 ··· 76
12. 전대차(轉貸借)에 적용하는 사항 ····························· 77
13. 강행구정 및 「소액사건심판법」의 준용 ···················· 78

2. 가맹사업(프랜차이즈) ·· 81

1. 가맹사업에 관한 이해 ·· 82
2. 가맹사업법의 이해 ·· 83
3. 가맹사업법의 적용배제 ·· 85
4. 당사자의 준수사항 ·· 87
    가. 가맹본부의 준수사항 ·· 87
    나. 가맹점사업자의 준수사항 ···································· 89
4. 정보공개서 ·· 91
    가. 정보공개서의 정의 ··· 91
    나. 정보공개서의 등록 및 공개 ································ 93
    다. 정보공개서의 제공의무 ·· 93
    라. 가맹계약 체결 및 가맹금 수령의 제한 ·············· 94

6. 가맹금 ·· 95
    가. 가맹금의 범위 ··· 95
    나. 가맹금의 예치 ··· 97
    다. 가맹금의 반환 ··· 98
7. 가맹계약서 ·· 101
8. 부당한 행위의 금지 ··· 102
    가. 부당한 행위의 해석 기준 ·· 102
    나. 불공정거래행위 ·· 102
    다. 점포환경개선 강요 ·· 111
    라. 영업시간구속 ·· 113
    마. 영업지역 침해 ·· 114
9. 가맹계약의 갱신 ··· 116
10. 가맹계약의 해지 제한 ·· 119
11. 가맹점사업자피해보상보험계약 ·· 122
12. 분쟁의 조정 ··· 123
    가. 조정신청 절차 ·· 123
    나. 조정조서의 작성 및 효력 ·· 126
13. 벌칙 및 공익신고자 보상금 ·· 127

3. 상호와 상표 ··· 129
1. 상호(商號) ··· 130
    가. 상호 이해하기 ·· 130
    나. 상호의 등기 및 양도 ·· 132
2. 상표(商標) ··· 133

가. 상표 이해하기 ·· 133
　　　나. 상표의 등록 및 상표권의 보호 ·· 134
　3.「부정경쟁방지 및 영업비밀보호에 관한 법률」············ 136
　　　가. 법률의 이해 ··· 136
　　　나. 부정경쟁행위 ··· 137
　　　나. 영업비밀침해행위 ··· 145

4. 조세(세금)와 공과금(公課金) ·· 149
1. 조세 및 공과금 이해하기 ·· 150
2. 부가가치세 ··· 151
　　　가. 부가가치세에 관한 이해 ·· 151
　　　나. 과세기간 ·· 152
　　　다. 영(零:zero)세율 ··· 153
　　　라. 면세(免稅) ··· 154
　　　마. 세금계산서 발급의무면제 등 ··· 158
　　　바. 영수증의 발급 등 ··· 161
　　　사. 예정신고와 납부 ·· 162
　　　아. 확정신고와 납부 ·· 163
　　　자. 간이과세 ·· 163
3. 소득세 ·· 165
　　　가. 소득세에 관한 이해 ··· 165
　　　나. 과세소득의 범위 ·· 165
　　　다. 소득의 구분 및 과세기간 ·· 166
　　　라. 비과세소득 ·· 167
　　　마. 필요경비 및 소득공제 ··· 173

바. 세액의 계산 ··· 173
　4. 법인세 ··· **174**
　　　가. 법인 및 법인세 이해하기 ··· 174
　　　나. 과세소득의 범위 ··· 176
　　　다. 과세표준 등의 신고 ··· 177
　5. 사회보험 ··· 177
　　　가. 건강보험 ··· 177
　　　나. 고용보험 ··· 178
　　　다. 산업재해보상보험 ··· 180
　　　라. 국민연금 ··· 181

5. 고용관계 법령 ··· **183**
　1. 「건설근로자의 고용개선 등에 관한 법률」 ···················· 184
　　　가. 법률에 관한 이해 ··· 184
　　　나. 가입 대상 사업자 ··· 185
　　　다. 가입 사실의 신고 ··· 188
　　　라. 피공제자의 범위 ··· 188
　　　마. 공제부금의 납부 ··· 189
　2. 「고용상 연령차별금지 및 고령자고용촉진법」 ·············· 191
　　　가. 법률의 이해 ··· 191
　　　나. 모집·채용 등에서의 연령차별 금지 ···························· 191
　　　다. 정부의 고용개선 등 사업주 지원 ································ 192
　　　라. 사업주에 대한 세제지원 및 고용지원금 지급 ············ 193
　　　마. 근로자의 정년연장 등 관련 정부의 지원 ···················· 195
　3. 「근로기준법」 ··· 196

가. 법률의 이해 …………………………………………196
　　나. 적용범위 ……………………………………………197
　　다. 근로계약 ……………………………………………200
　　라. 임금 …………………………………………………208
　　마. 근로시간과 휴식 ……………………………………211
　　바. 여성과 소년의 보호 …………………………………213
　　사. 적용의 배제 …………………………………………217
　　아. 재해보상 ……………………………………………218
　　자. 취업규칙 ……………………………………………222

4. 「근로자퇴직급여 보장법」 ………………………………224
　　가. 법률의 이해 …………………………………………224
　　나. 퇴직급여제도의 설정 등 ……………………………225
　　다. 확정급여형 퇴직연금제도 …………………………230
　　라. 확정기여형 퇴직연금제도 …………………………232
　　마. 개인형 퇴직연금제도 ………………………………234

5. 「남녀고용평등과 일·가정 양립 지원에 관한 법률」 ……236
　　가. 법률의 이해 …………………………………………236
　　나. 남녀의 평등한 기회 보장 및 대우 …………………236
　　다. 직장 내 성희롱의 금지 및 예방 ……………………238
　　라. 출산전후휴가에 대한 지원 …………………………239
　　마. 배우자 출산휴가 ……………………………………240
　　바. 일·가정의 양립 지원 ………………………………240

6. 「산업안전보건법」 …………………………………………243
　　가. 법률의 이해 …………………………………………243
　　나. 사업주의 기본적 의무 ………………………………244
　　다. 안전·보건 관리체계 …………………………………245

라. 안전·보건 관리규정 ·· 247
　　마. 유해·위험 예방조치 ··· 248
　　바. 근로자의 보건관리 ·· 249
　7. 「외국인근로자의 고용 등에 관한 법률」················ 249
　　가. 법률의 이해 ··· 249
　　나. 적용범위 ··· 250
　　다. 외국인근로자 고용절차 ·· 250
　　라. 외국인근로자의 고용관리 ······································ 255
　　마. 외국인근로자의 보호 ··· 262
　8. 「장애인고용촉진 및 직업재활법」 ···························· 263
　　가. 법률의 이해 ··· 263
　　나. 장애인고용촉진 ·· 264
　　다. 장애인 고용의무 및 장려금 ··································· 268
　9. 「최저임금법」 ··· 270
　　가. 법률의 이해 ··· 270
　　나. 최저임금 ··· 271

6. 사업자금의 조달 ·· 279

　1. 사업자금 조달방법의 개요 ······································ 280
　2. 중소기업청 소관 정책자금 대출 ······························ 281
　　가. 공통사항 ··· 281
　　나. 창업기업지원자금·청년전용창업자금 ······················ 283
　　다. 투융자복합금융자금 ·· 284
　　라. 개발기술사업화자금 ·· 285
　　마. 신성장기반자금 ·· 287

바. 재드림지원자금 ································289
　　　사. 긴급경영안정자금 ······························292
　3. 신용보증재단의 보증제도 ····························293
　　　가. 신용보증제도의 이해 ···························293
　　　나. 보증대상 및 제외·제한대상 ····················294
　　　다. 보증의 종류 ···································294
　　　라. 보증절차 ······································296
　　　마. 햇살론 ··296
　4. KODIT 신용보증기금의 보증제도 ·····················297
　5. 소상공인시장진흥공단의 자금지원 ····················298
　　　가. 공통사항 ······································298
　　　나. 소상공인성장기반자금 ··························299
　　　다. 소상공인경영안정자금 ··························299
　6. 미소금융중앙재단의 대출지원 ························300
　　　가. 미소금융에 관한 이해 ··························300
　　　나. 지원대상 및 부적격자 ··························301
　　　다. 대출종류 ······································302

1

상가건물 임대차보호법

자영업자가 꼭 알아야 할 법률지식 및 사업자금 조달방법

1. 임대차에 관한 이해

　자영업자와 소규모 법인(이하 "소상공인"이라고 줄여 씀)이 창업을 하는 경우 상가건물의 임대차보증금 및 권리금이 그들 재산에서 차지하는 비율은 매우 높은 것이 우리의 현실이다. 시쳇말로 표현하자면, 소상공인이 망하거나 재산을 날리는 이유는 영업의 실패에도 있지만, 더 큰 위험은 임대차보증금과 권리금을 지키지 못하는 데에 있다고 해도 과언이 아닐 것이다. 이러한 위험은 여러 곳에 도사리고 있다. 그 위험요인을 세부적으로 검토해본다.

　첫째, '경매'나 '공매'의 위험이다. 경매는 임대인이 채무를 갚지 못하는 경우에 채권자 중 어느 한 사람이 법원에 신청하면 법원이 해당 부동산을 입찰의 방법에 의하여 매각하는 것을 말하고, 공매는 임대인이 각종의 조세(세금)를 체납한 경우에 세무서장 등에 의하여 해당 부동산이 매각되는 것을 말한다. 임차한 부동산이 매각되면 새로운 소유자의 선택에 의하여 임차인은 신 소유자와 새로운 임대차계약을 체결하거나 권리금(경우에 따라서는 보증금도 해당함)을 잃은 채 해당 부동산을 비워주어야 한다. 이러한 위험성이 있는지 여부는 등기소(또는 법원 등기과)에서 부동산등기사항증명서를 발급받아 조사할 수 있다. 반드시 사전

1. 상가건물 임대차보호법

에 조사를 해야 한다.

둘째, 해당 부동산의 위치가 임차인이 영위하려는 사업에 적합한 곳에 있는지 여부이다. 가령 「학교보건법」에 의하면 학교환경위생정화구역(유치원·학교로부터 직선거리 200미터 이내) 안에서는 대기환경·악취발생·수질환경 관련 영업, 총포 관련 영업, 영화 및 비디오물의 제한상영관, 폐기물 관련 영업, 동물 가죽의 가공·처리 관련 시설, 유흥업소, 숙박업소, 당구장, 사행행위장, 게임제공업, 성인용 마사지업 등은 제한을 받거나 금지된다. 이를 확인하기 위해서는 관할 교육청에 문의하여야 할 것이다.

셋째, 해당 부동산이 소재하는 지역에 대한 개발계획이 문제될 수 있다. 가까운 장래에 개발계획이 수립되어 있는 지역이라면 임차인이 희망하는 기간을 채우지 못한 채 해당 부동산을 떠나야 하는 사례는 어렵지 않게 발견되곤 한다. 이를 확인하기 위해서는 시·구·군에서 발급하는 '도시계획확인원'을 조사해보아야 한다.

넷째, 건축물의 용도제한이다. 「건축법」의 규정에 의하면 건축물의 용도를 28종으로 구분하고 있다. 이들 용도 중 소상공인이 주로 임차하는 건축물의 용도를 간략히 소개한다. 이들 용도는 시·구·군에서 발급받을 수 있는 건축물대장에 의하여 확인이 가능하며, 용도를 위반하는 경우에는 사용이 금지될 뿐만 아니라 임대인 및 임차인이 형사상의 처벌도 받을 수 있다. 다만,

자영업자가 꼭 알아야 할 법률지식 및 사업자금 조달방법

동일한 용도시설 안에서는 사용하는 용도를 변경하는 것이 허용된다. 각 용도시설의 주요한 것들은 다음과 같다.

'제1종근린생활시설'은 식품·잡화·의류·완구·서적·건축자재·의약품·의료기기 등 일용품을 판매하는 소매점 용도로 쓰이는 바닥면적의 합계가 1천 제곱미터 미만인 것, 휴게음식점, 제과점 등 음료·차(茶)·음식·빵·떡·과자 등을 조리하거나 제조하는 시설로서 같은 건축물 바닥면적의 합계가 300 제곱미터 미만인 것, 이용원·미용원·목욕장·세탁소 등 사람의 위생관리나 의류 등을 세탁·수선하는 시설(이들은 면적제한 없음), 의원·치과의원·한의원·침술원·접골원·조산원·안마원·산후조리원 등 주민의 진료·치료 등을 위한 시설(면적제한 없음), 탁구장·체육도장으로서 같은 건물에 해당 용도로 쓰이는 바닥면적의 합계가 500 제곱미터 미만인 것을 말한다.

'제2종근린생활시설'은 공연장(극장·영화관·연예장·음악당·서커스장·비디오물감상실·비디오물소극장과 이와 비슷한 것)으로서 같은 건축물에 해당 용도로 쓰이는 바닥면적의 합계가 500 제곱미터 미만인 것, 자동차영업소로서 같은 건축물에 해당 용도로 쓰이는 바닥면적의 합계가 1천 제곱미터 미만인 것, 제1종근린생활시설에 해당하지 않는 서점, 총포판매소, 사진관, 표구점, 청소년게임업소·복합유통게임제공업소·인터넷컴퓨터게임시설업소와 이와 비슷한 게임 관련 시설로서 같은 건축물에 해당 용도로 쓰이는 바닥면적의 합계가 500 제곱미터 미만인 것, 휴게음

1. 상가건물 임대차보호법

식점·제과점 등 음료·차·빵·떡·과자 등을 조리하거나 제조하여 판매하는 시설(제1종근린생활시설에 해당하는 것은 제외)로서 같은 건축물에 해당 용도로 쓰이는 바닥면적의 합계가 300제곱미터 이상인 것, 일반음식점, 장의사, 동물병원·동물미용실과 이와 유사한 것, 학원(자동차학원·무도학원 및 정보통신기술을 활용하여 원격으로 교습하는 것은 제외), 교습소(자동차교습소·무도교습소 및 정보통신기술을 활용하여 원격으로 교습하는 것은 제외), 직업훈련소(운전·정비 관련 직업훈련소는 제외)로서 같은 건축물에 해당 용도로 쓰는 바닥면적의 합계가 500 제곱미터 미만인 것, 독서실, 기원, 테니스장, 체력단련장, 에어로빅장, 볼링장, 당구장, 실내낚시터, 골프연습장, 놀이형시설(「관광진흥법」에 따른 기타유원시설업에 해당하는 것을 말함) 등 주민의 체육활동을 위한 시설로서 같은 건축물에 해당 용도로 쓰는 바닥면적의 합계가 500제곱미터 미만인 것, 금융업소·사무소·부동산중개사무소·결혼상담소 등 소개업소·출판사 등 일반업무시설로서 같은 건축물에 해당 용도로 쓰는 바닥면적의 합계가 500 제곱미터 미만인 것, 다중생활시설(「다중이용업소의 안전관리에 관한 특별법」에 따른 다중이용업 중 고시원업의 시설로서 독립된 주거의 형태를 갖추지 않은 것을 말함)로서 같은 건축물에 해당 용도로 쓰는 바닥면적의 합계가 500 제곱미터 미만인 것, 제조업소·수리점 등 물품의 제조·가공·수리 등을 위한 시설로서 같은 건축물에 해당 용도로 쓰는 바닥면적의 합

자영업자가 꼭 알아야 할 법률지식 및 사업자금 조달방법

계가 500제곱미터 미만이고, 배출시설의 설치허가·신고의 대상이 아닌 것과 배출시설의 설치허가·신고의 대상이지만 귀금속·장신구 및 관련제품 제조시설로서 발생되는 폐수를 전량 위탁처리하는 것, 단란주점으로서 같은 건축물에 해당 용도로 쓰는 바닥면적의 합계가 150 제곱미터 미만인 것, 안마시술소, 노래연습장을 말한다.

'**판매시설**'은 도매시장(「농수산물유통 및 가격안정에 관한 법률」에 따른 농산물도매시장·농산물공판장과 이와 비슷한 것을 말하며, 그 안에 있는 근린생활시설을 포함함), 소매시장(「유통산업발전법」 제2조 제3호에 따른 대규모점포와 이와 비슷한 것을 말하며, 그 안에 있는 근린생활시설을 포함함), 상점(그 안에 있는 근린생활시설을 포함함)으로서 제1종근린생활시설에 해당하지 아니하는 것 및 청소년게임제공업시설·일반게임제공업시설·인터넷컴퓨터게임시설제공업시설·복합유통게임제공업시설로서 제2종근린생활시설에 해당하지 아니하는 것을 말한다.

'**노유자시설**'은 아동관련시설(어린이집·아동복지시설 및 이와 비슷한 것으로서 단독주택·공동주택·제1종근린생활시설에 해당하지 아니하는 것을 말함), 노인복지시설(단독주택과 공동주택이 아닌 것을 말함), 기타 다른 용도로 분류되지 아니한 사회복지시설 및 근로복지시설을 말한다.

'**수련시설**'은 생활권수련시설(「청소년활동진흥법」에 따른 청소년수련관·청소년문화의집·청소년특화시설과 이와 비슷한 것),

1. 상가건물 임대차보호법

자연권수련시설(「청소년활동진흥법」에 따른 청소년수련원·청소년야영장 및 이와 비슷한 것), 「청소년활동진흥법」에 따른 유스호스텔을 말한다.

'**운동시설**'은 탁구장·체육도장·테니스장·체력단련장·에어로빅장·볼링장·당구장·실내낚시터·골프연습장·놀이형시설 및 이와 비슷한 것으로서 제1종근린생활시설·제2종근린생활시설에 해당하지 아니하는 것, 체육관으로서 관람석이 없거나 관람석의 바닥면적이 1천 제곱미터 미만인 것, 운동장(육상장·구기장·볼링장·수영장·스케이트장·롤러스케이트장·승마장·사격장·궁도장·골프장 등과 이에 딸린 건축물을 말함)으로서 관람석이 없거나 관람석의 바닥면적이 1천 제곱미터 미만인 것을 말한다.

'**일반업무시설**'이란 금융업소·사무소·결혼상담소 등 소개업소와 출판사·신문사 및 이와 비슷한 것으로서 제2종근린생활시설에 해당하지 않는 것, 오피스텔(업무를 주로 하며, 분양하거나 임대하는 구획 중 일부 구획에서 숙식을 할 수 있도록 한 건축물로서 국토교통부장관이 고시하는 기준에 적합한 것을 말함)을 말한다.

'**숙박시설**'이란 일반숙박시설·생활숙박시설, 관광숙박시설(관광호텔·수상관광호텔·한국전통호텔·가족호텔·호스텔·소형호텔·의료관광호텔·휴양콘도미니엄), 다중생활시설(제2종근린생활시설에 해당하지 않는 것을 말함)을 말한다.

'**위락시설**'이란 단란주점으로서 제2종근린생활시설에 해당하지 아니하는 것, 유흥주점과 이와 비슷한 것, 「관광진흥법」에 따른 유원시설업의 시설 및 이와 비슷한 시설(제2종근린생활시설과 운동시설에 해당하는 것은 제외함), 무도장, 무도학원, 카지노영업소를 말한다.

'**관광휴게시설**'은 야외음악당, 야외극장, 어린이회관, 관망탑, 휴게소, 공원·유원지 또는 관광지에 부수되는 시설을 말한다.

2. 「상가건물 임대차보호법」 개관

「상가건물 임대차보호법」(이하 "상가법"이라고 줄여 씀)은 사회적·경제적 약자인 상가건물임차인(이하 "임차인"이라고 줄여 씀)을 보호하는 것을 주된 목적으로 2002. 11. 2. 처음 시행되었다.

이 법은 그동안 여러 차례에 걸쳐 미흡한 사항을 보완하는 개정을 하였다. 그러나 임차인의 보호라는 입법 목적에는 부합하지 못하고 있다는 비판이 끊임없이 제기되었다. 이러한 비판을 의식하여 2015. 5. 13. 다시 개정하면서 개정 당일 시행하기에 이르렀다.

이번 개정의 주요골자는 '임차인의 권리금 보호'에 있다. 즉 그동안 상가법이 외면해온 권리금을 제도권 안으로 편입한 점이 특색이라고 할 수 있다. 그러나 아직도 임차인의 보호라는 사명

1. 상가건물 임대차보호법

을 충족하기에는 부족한 법률이라는 점은 여전히 아쉽게 느껴진다. 이러한 점에 관련해서는 뒤에서 법률의 해당 규정과 함께 다시 언급하기도 한다.

우리 법제에서 임대차에 관한 일반법 규정은 민법 제618조 내지 제654조이다. 임대차에 관하여 민법의 규정에 대한 특별법(특례규정) 중 주택에 관한 법률은 「주택임대차보호법」이 있고, 상가건물에 관한 특별법으로는 여기에서 검토하는 상가법이다.

특별법은 일반법에 우선한다. 따라서 상가법에서 규정하는 사항은 민법에 우선하여 적용되며, 민법은 상가법에서 규율하지 아니한 사항을 보충하는 기능을 한다. 다음부터는 상가법의 규정만을 중심으로 검토한다.

3. 법률의 적용 범위

제2조(적용범위) ① 이 법은 상가건물(제3조 제1항에 따른 사업자등록의 대상이 되는 건물을 말한다)의 임대차(임대차 목적물의 주된 부분을 영업용으로 사용하는 경우를 포함한다)에 대하여 적용한다. 다만, 대통령령으로 정하는 보증금액을 초과하는 임대차에 대하여는 그러하지 아니하다.
② 제1항 단서에 따른 보증금액을 정할 때에는 해당 지역의

경제 여건 및 임대차 목적물의 규모 등을 고려하여 지역별로 구분하여 규정하되, 보증금 외에 차임이 있는 경우에는 그 차임액에「은행법」에 따른 은행의 대출금리 등을 고려하여 대통령령으로 정하는 비율을 곱하여 환산한 금액을 포함하여야 한다.

③ 제1항 단서에도 불구하고 제10조 제1항, 제2항, 제3항 본문, 제10조의2부터 제10조의8까지의 규정 및 제19조는 제1항 단서에 따른 보증금액을 초과하는 임대차에 대하여도 적용한다.

시행령 제2조(적용범위) ①「상가건물 임대차보호법」(이하 "법"이라 한다) 제2조 제1항 단서에서 "대통령령으로 정하는 보증금액"이라 함은 다음 각 호의 구분에 의한 금액을 말한다.

1. 서울특별시 : 4억 원
2. 「수도권정비계획법」에 따른 과밀억제권역(서울특별시는 제외한다) : 3억 원
3. 광역시(「수도권정비계획법」에 따른 과밀억제권역에 포함된 지역과 군지역은 제외한다), 안산시, 용인시, 김포시 및 광주시 : 2억4천만 원
4. 그 밖의 지역 : 1억8천만 원

② 법 제2조 제2항의 규정에 의하여 보증금 외에 차임이 있는 경우의 차임액은 월 단위의 차임액으로 한다.

③ 법 제2조 제2항에서 "대통령령으로 정하는 비율"이라 함은 1분의 100을 말한다.

1. 상가건물 임대차보호법

> **제16조(일시사용을 위한 임대차)** 이 법은 일시사용을 위한 임대차임이 명백한 경우에는 적용하지 아니한다.
>
> **제17조(미등기전세에의 준용)** 목적건물을 등기하지 아니한 전세계약에 관하여 이 법을 준용한다. 이 경우 "전세금"은 "임대차의 보증금"으로 본다.

 이 법의 적용을 받을 수 있는 건물인 상가법 제2조 제1항이 말하는 상가건물에는 등기가 되어 있지 아니한 건물도 해당되며, 「부가가치세법」, 「소득세법」 및 「법인세법」에 따라 사업자등록을 할 수 있는 건물을 말한다. 그러나 사업자등록을 할 수 있는 건물이라고 하여 주택에 대하여도 이 법을 적용할 수는 없을 것이다. 간혹 세무서장이 주택을 사업장으로 하려는 사람에게도 사업자등록증을 발급하는 경우도 있지만 이를 상가건물이라고 할 수는 없기 때문이다.

 법 제2조 제1항에서는 "목적물의 주된 부분을 영업용으로 사용하는 경우를 포함한다"고 규정하였다. 여기에서 '주된 부분'이라고 함은 반드시 영업용으로 사용하는 부분이 비영업용으로 사용하는 부분보다 면적이 넓어야만 하는 것은 아니다. 이와 관련한 판단기준은 뒤에서 소개하는 판례가 잘 설명하고 있다.

 결국 이 법의 모든 규정을 적용받을 수 있으려면, ㉮사업자등록의 대상이 되는 상가건물일 것, ㉯건물의 일부가 비영업용인 경우에는 주된 부분이 영업용일 것, ㊀대통령령이 정하는 각 지역별 보증금액(월차임이 있으면 그를 보증금액으로 환산하여 보증금액에 더한 금액)이 일정액을 초과하지 않을 것이라는 요건을 모두 갖추어야 함을 알 수 있다.

법 제2조 제1항 단서에서 말하는 "대통령령으로 정하는 보증금액"은 시행령(대통령령) 제2조 제1항에서 규정하였는바, 서울지역의 경우에는 4억 원이다. 법 제2조 제2항에서는 "보증금을 정할 때에 차임이 있는 경우에는 그 차임액에 대통령령으로 정하는 비율을 곱하여 환산한 금액을 포함한다"고 규정하였고, 시행령 제2조 제3항에서는 "대통령령으로 정하는 비율"에 관하여 1분의 100이라고 규정하였다. 1분의 100은 단순히 100이라고 표현하면 될 것이지만, 법률에서 '비율'이라고 표현한 것에 충실하기 위하여 이와 같이 표현한 것으로 보인다. 가령 서울에서 보증금 3억 원에 월차임이 110만원인 경우를 계산하면 다음과 같다. [3억 원 + (110만 원 × 100/1) = 4억1천만 원]이 된다. 따라서 4억 원을 초과하였으므로, 이 법률 중 일부의 규정(아래에서 소개하는 법 제3조 제3항에서 열거하는 규정)만을 적용받을 수 있다.

법 제2조 제3항의 규정에 의하여 보증금의 액수와 관계없이 이 법이 적용되는 규정인 제10조는 계약갱신요구, 제10조의2는 계약갱신의 특례, 제10조의3은 권리금의 정의 등, 제10조의4는 권리금 회수기회 보호 등, 제10조의5는 권리금 적용 제외, 제10

1. 상가건물 임대차보호법

조의6은 표준권리금계약서 작성 등, 제10조의7은 권리금 평가기준의 고시, 제10조의8은 차임연체와 해지에 관하여 각각 규정하였다. 이들 각각의 규정과 관련한 내용은 뒤에서 다시 소개한다.

대통령령 제2조 제1항에서 말하는 「수도권정비계획법」에 따른 '과밀억제권역'이란 서울특별시·인천광역시·경기도 지역을 말한다.

법 제16조에서는 일시사용을 위한 임대차임이 명백한 경우에는 이 법을 적용하지 않는다고 규정하였다. 이 법과 민법에서는 어떤 것이 '일시사용을 위한 임대차'인지에 관하여 아무런 규정도 두지 않았다. 따라서 이는 당사자의 의사해석과 실제의 사용용도를 통하여 판단할 수밖에 없을 것이다. 이를 판단함에 있어서는 임대차의 목적과 기간 등이 주된 기준이 될 것이다.

법 제17조에서는 '목적건물을 등기하지 아니한 전세계약'이라고 규정하여 마치 건물 자체가 미등기인 경우처럼 읽힐 수도 있으나, 이는 '전세권을 등기하지 아니한 전세계약'을 말한다. 이러한 전세권은 상가법을 적용한다. 즉 임차권으로 간주한다. 이 경우에는 전세금을 임대차보증금으로 보아야 한다.

〔판례〕 영업용 건물의 판단기준

「상가건물 임대차보호법」이 적용되는 상가건물에 해당하는지 여부는 공부상의 표시가 아닌 건물의 현황·용도 등에 비추어

영업용으로 사용하느냐에 따라 실질적으로 판단하여야 하고, 단순히 상품의 보관·제조·가공 등 사실행위만이 이루어지는 공장·창고 등은 영업용으로 사용하는 경우라고 할 수 없으나, 그곳에서 그러한 사실행위와 더불어 영리를 목적으로 하는 활동이 함께 이루어진다면 「상가건물 임대차보호법」의 적용대상인 상가건물에 해당한다고 할 것이다(대법원 2011. 7. 28. 선고 2009다40967 판결).

↳ 위 판례 중 "공부상의 표시"라고 표현한 부분은 공적 장부상의 표시를 의미하는 것이므로, '건축물대장에 기재된 건축물의 용도표시'를 뜻한다. 그리고 "사실행위"라고 말한 부분은 '영업과는 직접 관련이 없는 행위'를 의미한다.

4. 권리금 이해하기

가. 권리금의 의의

제10조의3(권리금의 정의 등) ① 권리금이란 임대차 목적물인 상가건물에서 영업을 하는 자 또는 영업을 하려는 자가 영업시설·비품, 거래처, 신용, 영업상의 노하우, 상가건물의 위치에

1. 상가건물 임대차보호법

> 따른 영업상의 이전 등 유형·무형의 재산적 가치의 양도 또는 이용대가르서 임대인, 임차인에게 보증금과 차임 이외에 지급하는 금전 등의 대가를 말한다.
> ② 권리금계약이란 신규임차인이 되려는 자가 임차인에게 권리금을 지급하기로 하는 계약을 말한다.

　법 제10조의3은 2015. 5. 13. 신설된 규정이다. 우리가 일반적으로 알고 있는 상가의 권리금이라고 함은 '웃돈' 내지는 '자릿세(자릿값)'를 말한다. 부동산업계에서는 권리금을 '바닥 권리금', '시설 권리금' 및 '영업 권리금'으로 구분하기도 하는데, 바닥 권리금은 상기의 입지조건에 따른 권리금을 말하는 것으로써 이는 해당 상가건물에 대한 위치의 좋은 점을 평가한 웃돈을 뜻하고, 시설 권리금은 상가건물의 내외에 투자한 시설 및 집기(비품) 등의 투자비용을 평가한 돈을 뜻하며, 영업 권리금이라고 하는 것은 단골 고객을 확보하는 등 영업상의 보이지 않는 가치(영업 노하우)를 평가한 웃돈을 의미한다. 앞으로는 이들을 하나로 묶어 단순히 '권리금'이라고 표현하기로 한다.

나. 현행 상관습

　우리나라의 상관행(商慣行) 내지 상관습에는 새로운 임차인(이하 "신규임차인"이라고 함)이 전의 임차인(이하 "구임차인"이라고 함)에게 권리금을 주는 것이 상례로 되어 있다. 물론 신축건물의 경우에는 구임차인이 없기 때문에 여기에서 말하는 권리금은 없을 것이지만, 드문 경우이기는 하지만 권물주인 임대인이 권리금을 받는 경우도 있다. 참고로, 현재 수도권 지역에 있는 상가건물의 평균 권리금을 간단히 소개하자면 스크린골프장과 제과점의 경우에는 2억 원이 넘고, PC방·고깃집·키즈카페·커피전문점·한식전문점·일식전문점 및 헬스클럽의 경우에는 1억 원이 넘는다고 한다.

그동안 권리금으로 인하여 수많은 임차인들이 많은 재산을 잃기도 하였다. 신규임차인은 임대보증금과는 별도로 구임차인에게 권리금을 지불하고 상가건물을 임차하여 고작 2년 정도 영업을 했는데, 건물주(이하 "임대인"이라고 함)가 임차인을 자기의 마음에 드는 신규임차인으로 바꾸기 위해서 또는 임대보증금과 차임(借賃 : 월세)를 올리기 위해서 구임차인과 재계약을 하지 않겠다고 하면 구임차인은 자기의 앞 사람에게 지불한 권리금을 회수하지 못하는 문제점이 있었다. 이러한 문제점이 노출된 이유를 찾자면, 현행 상가법에서는 임대인이 임차인과의 재계약을 거부하고 임대차계약을 종결시킬 수 있는 여러 가지의 사유를 규정하고 있기 때문이다. 이와 관련해서는 뒤에서 소개한다.

사정이 이렇다보니 정부에서는 임차인을 보호하기 위하여 상당한 기간 동안 상가법의 개정을 위한 노력을 꾸준히 해 온 끝

1. 상가건물 임대차보호법

에 2015. 5. 13. 국회에서 상가법을 개정하여 즉시 시행하기에 이르렀다.

다. 개정 법률의 신설규정

1) 권리금 회수기회 보호 등

제10조의4(권리금 회수기회 보호 등) ① 임대인은 임대차기간이 끝나기 3개월 전부터 임대차 종료 시까지 다음 각 호의 어느 하나에 해당하는 행위를 함으로써 권리금계약에 따라 임차인이 주선한 신규임차인이 되려는 자로부터 권리금을 지급받는 것을 방해하여서는 아니 된다. 다만, 제10조 제1항 각 호의 어느 하나에 해당하는 사유가 있는 경우에는 그러하지 아니하다.

1. 임차인이 주선한 신규임차인이 되려는 자에게 권리금을 요구하거나 임차인이 주선한 신규임차인이 되려는 자로부터 권리금을 수수하는 행위
2. 임차인이 주선한 신규임차인이 되려는 자로 하여금 임차인에게 권리금을 지급하지 못하게 하는 행위
3. 임차인이 주선한 신규임차인이 되려는 자에게 상가건물에 관한 조세, 공과금, 주변 상가건물의 차임 및 보증금, 그 밖의 부담에 따른 금액에 비추어 현저히 고액의 차임과

보증금을 요구하는 행위
4. 그 밖에 정당한 사유 없이 임대인이 임차인이 주선한 신규임차인이 되려는 자와 임대차계약의 체결을 거절하는 행위

② 다음 각 호의 어느 하나에 해당하는 경우에는 제1항 제4호의 정당한 사유가 있는 것으로 본다.
1. 임차인이 주선한 신규임차인이 되려는 자가 보증금 또는 차임을 지급할 자력이 없는 경우
2. 임차인이 주선한 신규임차인이 되려는 자가 임차인으로서의 의무를 위반할 우려가 있거나 그 밖에 임대차를 유지하기 어려운 상당한 사유가 있는 경우
3. 임대차 목적물인 상가건물을 1년 6개월 이상 영리목적으로 사용하지 아니한 경우
4. 임대인이 선택한 신규임차인이 임차인과 권리금계약을 체결하고 그 권리금을 지급한 경우

③ 임대인이 제1항을 위반하여 임차인에게 손해를 발생하게 한 때에는 그 손해를 배상할 책임이 있다. 이 경우 그 손해배상액은 신규임차인이 임차인에게 지급하기로 한 권리금과 임대차 종료 당시의 권리금 중 낮은 금액을 넘지 못한다.

④ 제3항에 따라 임대인에게 손해배상을 청구할 권리는 임대차가 종료한 날부터 3년 이내에 행사하지 아니하면 시효의 완성으로 소멸한다.

1. 상가건물 임대차보호법

⑤ 임차인은 임대인에게 임차인이 주선한 신규임차인이 되려는 자의 보증금 및 차임을 지급할 자력 또는 그 밖에 임차인으로서의 의무를 이행할 의사 및 능력에 관하여 자신이 알고 있는 정보를 제공하여야 한다.

민법의 임대차에 관한 규정인 제629조에서는 "임차인은 임대인의 동의 없이 그 권리를 양도하거나 임차물을 전대하지 못한다. 임차인이 이 규정에 위반한 때에는 임대인은 계약을 해지할 수 있다."고 규정하였다. 상가법 제10조의4가 신설되었지만 민법의 위 규정은 여전히 상가건물의 임대차에도 적용된다.

상가법의 위 규정이 신설됨에 따라 구임차인이 신규임차인으로부터 권리금을 회수함에 있어 임대인이 정당한 사유 없이 이를 방해하는 경우에는 구임차인은 임대인에 대하여 손해배상을 청구할 수 있는 법적 근거가 마련되었다. 그 동안 상관행 내지 상관습으로만 통용되던 권리금이 이제 비로소 법의 보호 영역으로 들어온 것이다. 그렇지만 법 제10조의4 제1항에서는 임차인이 "주선한" 신규임차인이라고 표현하여 분쟁의 싹을 남겨둔 것으로 보인다. '주선(周旋)'이라고 함은 국어사전적으로는 "일이 잘 되도록 중간에서 여러 가지 방법으로 두루 힘을 쓰는 것"을 의미하는데, 위 규정에서는 주선이라는 단어를 '소개' 내지는 '추천'의 의미로 해석하여야 할 것으로 보인다. 즉 임대인에 대한 구임차인의 '주선'은 임대인을 구속하지 않는다. 그렇다면 임대인이 법 제10조의4 제1항 제1호부터 제4호까지에 해당하는 행위만 하지 않는다면 구임차인이 추천 내지 소개한 신임차인과의 사이에 임대차계약의 체결을 거부할 수 있으므로, 이러한 경우에는 구임차인이 권리금에 관하여 법적 구제를 받을 수 있는 특별한 수단은 없다고 보아야 할 것이다. 게다가 제10조의4 제2항에서는 임대인이 신규임차인과의 계약을 거절할 수 있는 '정당한 사유'로 보는 사항을 규정함에 있어 "신규임차인이 되려는 자가 보증금 또는 차임을 지급할 자력이 없는 경우" 또는 "신규임차인이 되려는 자가 임차인으로서의 의무를 위반할 우려가 있는 경우" 등 임대인의 주관적 판단에 의존하거나 장래에 발생할 사유를 추측하는 사유만으로도 임대인이 신규임차인과의 임대차계약을 거부할 수 있는 여지를 폭넓게 허용하였다. 신설규정인 상가법 제10조의4는 임차인의 권리금을 보호하기에는 매우 미흡한 규정이라고 보인다.

  권리금에 관계있는 규정을 보증금의 액수와 상관없이 적용하도록 한 점은 다행이라고 평가할만하다. 그러나 여당과 야당이 어렵게 합의한 법률이라는 점을 감안하더라도 위 규정은 임차인의 권리금을 보호하기에는 매우 미흡한 규정이라고 평가할 수밖에 없어 보인다. 따라서 권리금을 지급하면서 상가건물을 임차하려는 소상공인으로서는 임대차계약을 체결하기 전에 충분한 조사를 하여야 할 것이다.

1. 상가건물 임대차보호법

2) 권리금 규정의 적용 제외

제10조의5(권리금 적용 제외) 제10조의4는 다음 각 호의 어느 하나에 해당하는 상가건물 임대차의 경우에는 적용하지 아니한다.
1. 임대차목적물인 상가건물이 「유통산업발전법」 제2조에 따른 대규모점포 또는 준대규모점포의 일부인 경우
2. 임대차목적물인 상가건물이 「국유재산법」에 따른 국유재산 또는 「공유재산 및 물품 관리법」에 따른 공유재산인 경우

유통산업발전법 제2조(정의) 이 법에서 사용하는 용어의 뜻은 다음과 같다.
3. "대규모점포"란 다음 각 목의 요건을 모두 갖춘 매장을 보유한 점포의 집단으로서 별표에 규정된 것을 말한다.
   가. 하나 또는 대통령령으로 정하는 둘 이상의 연접되어 있는 건물 안에 하나 또는 여러 개로 나누어 설치되는 매장일 것
   나. 상시 운영되는 매장일 것
   다. 매장면적의 합계가 3천제곱미터 이상일 것
4. "준대규모점포"란 다음 각 목의 어느 하나에 해당하는 점포로서 대통령령으로 정하는 것을 말한다.
   가. 대규모점포를 경영하는 회사 또는 그 계열회사(「독점

규제 및 공정거래에 관한 법률」에 따른 계열회사를
　　　　말한다)가 직영하는 점포
　　나.「독점규제 및 공정거래에 관한 법률」에 따른 상호출자
　　　　제한기업집단의 계열회사가 직영하는 점포
　　다. 가목 및 나목의 회사 또는 계열회사가 제6호 가목에
　　　　따른 직영점형 체인사업 및 같은 호 나목에 따른 프
　　　　랜차이즈형 체인사업의 형태로 운영하는 점포
6. "체인사업"이란 같은 업종의 여러 소매점포를 직영(자기가
　소유하거나 임차한 매장에서 자기의 책임과 계산하에 직
　접 매장을 운영하는 것을 말한다. 이하 같다)하거나 같은
　업종의 여러 소매점포에 대하여 계속적으로 경영을 지도
　하고 상품·원재료 또는 용역을 공급하는 다음 각 목의
　어느 하나에 해당하는 사업을 말한다.
　　가. 직영점형 체인사업
　　　　체인본부가 주로 소매점포를 직영하되, 가맹계약을
　　　　체결한 일부 소매점포(이하 이 호에서 "가맹점"이라
　　　　한다)에 대하여 상품의 공급 및 경영지도를 계속하는
　　　　형태의 체인사업
　　나. 프랜차이즈형 체인사업
　　　　독자적인 상품 또는 판매·경영 기법을 개발한 체인
　　　　본부가 상호·판매방법·매장운영 및 광고방법 등을
　　　　결정하고, 가맹점으로 하여금 그 결정과 지도에 따라

1. 상가건물 임대차보호법

> 운영하도록 하는 형태의 체인사업

  법 제10조의5 제1항 제2호에서 말하는 '국유재산'은 국가소유로 된 부동산과 그 종물(從物)을 말하고, 같은 호에서 말하는 '공유재산'은 지방자치단체의 소유로 된 부동산과 그 종물을 말한다(「국유재산법」 제2조 제1호 및 제5조 제1호, 「공유재산 및 물품관리법」 제2조 제1호, 제4조 제1항 제1호 참조). '종물'이란 물건(여기에서는 '상가건물')의 소유자가 그 물건의 상용(常用)에 이바지하게 하기 위하여 자기 소유인 다른 물건을 부속시킨 경우에 그 부속물(附屬物)을 말한다.

  「유통산업발전법」 제2조 제3호 각 목 외의 부분 본문에서 말하는 별표에 규정된 '대규모점포'는 다음과 같다.

대규모점포의 종류(법 제2조 제3호 관련)

1. 대형마트

  대통령령으로 정하는 용역의 제공장소(이하 "용역의 제공장소"라 한다)를 제외한 매장면적의 합계가 3천 제곱미터 이상인 점포의 집단으로서 식품·가전 및 생활용품을 중심으로 점원의 도움 없이 소비자에게 소매하는 점포의 집단

자영업자가 꼭 알아야 할 법률지식 및 사업자금 조달방법

2. 전문점

용역의 제공장소를 제외한 매장면적의 합계가 3천 제곱미터 이상인 점포의 집단으로서 의류·가전 또는 가정용품 등 특정 품목에 특화한 점포의 집단

3. 백화점

용역의 제공장소를 제외한 매장면적의 합계가 3천 제곱미터 이상인 점포의 집단으로서 다양한 상품을 구매할 수 있도록 현대적 판매시설과 소비자 편익시설이 설치된 점포로서 직영의 비율이 30퍼센트 이상인 점포의 집단

4. 쇼핑센터

용역의 제공장소를 제외한 매장면적의 합계가 3천 제곱미터 이상인 점포의 집단으로서 다수의 대규모점포 또는 소매점포와 각종 편의시설이 일체적으로 설치된 점포로서 직영 또는 임대의 형태로 운영되는 점포의 집단

5. 복합쇼핑몰

용역의 제공장소를 제외한 매장면적의 합계가 3천 제곱미터 이상인 점포의 집단으로서 쇼핑, 오락 및 업무 기능 등이 한 곳에 집적되고, 문화·관광 시설로서의 역할을 하며, 1개의 업

1. 상가건물 임대차보호법

체가 개발·관리 및 운영하는 점포의 집단

6. 그 밖의 대규모점포

제1호부터 제5호까지의 규정에 해당하지 아니하는 점포의 집단으로서 다음 각 목의 어느 하나에 해당하는 것

가. 용역의 제공장소를 제외한 매장면적의 합계가 3천 제곱미터 이상인 점포의 집단

나. 용역의 제공장소를 포함하여 매장면적의 합계가 3천 제곱미터 이상인 점포의 집단으로서 용역의 제공장소를 제외한 매장면적의 합계가 전체 매장면적의 100분의 50 이상을 차지하는 점포의 집단. 다만, 시장·군수 또는 구청장이 지역경제의 활성화를 위하여 필요하다고 인정하는 경우에는 매장면적의 100분의 10 범위에서 용역의 제공장소를 제외한 매장의 면적비율을 조정할 수 있다.

시행령 제2조(용역제공장소의 범위) 「유통산업발전법」(이하 "법"이라 한다) 제2조 제2호 후단에 따라 매장에 포함되는 용역의 제공장소는 다음 각 호의 어느 하나에 해당하는 시설이 설치되는 장소로 한다.

1. 「건축법 시행령」 별표 1(이하 이 조에서 "같은 표"라 한다) 제3호 나목부터 마목까지의 규정에 따른 제1종근린생활시설
2. 같은 표 제4호에 따른 제2종근린생활시설

3. 같은 표 제5호에 따른 문화 및 집회시설
4. 같은 표 제13호에 따른 운동시설
5. 같은 표 제14호 나목에 따른 일반업무시설(오피스텔은 제외한다)

「유통산업발전법」 제2조 제4호 각 목 외의 부분에서 "대통령령으로 정하는 것(준대규모점포)"란 「통계법」 제22조에 따라 통계청장이 2007년 12월 28일 고시한 한국표준분류상의 슈퍼마켓(47121)과 기타 음·식료품 위주 종합소매업(47129)을 영위하는 점포를 말한다(「유통산업발전법 시행령」 제3조의2). 여기의 '슈퍼마켓'은 단일 경영주체가 일정 규모의 시설(165㎡ 이상)을 갖추고 음·식료품을 위주로 각종 생활잡화 등을 함께 소매하는 장소를 말하고, '음·식료품 위주 종합소매업'이라고 함은 단일 경영주체가 일정한 규모 미만의 시설(165㎡ 미만)을 갖추고 체인화 편의점 이외의 방식으로 음·식료품을 위주로 각종 생활잡화 등을 함께 소매하는 장소를 말한다.

「유통산업발전법」 제2조 제4호 가목에서 말하는 "독점규제 및 공정거래에 관한 법률」에 따른 계열회사"란 2 이상의 회사가 동일한 기업집단에 속하는 경우에 이들 회사를 말한다. 즉 서로 상대방을 계열회사라고 한다. 「유통산업발전법」 제2조 제4호 나목에서 말하는 "독점규제 및 공정거래에 관한 법률」에 따른 상

1. 상가건물 임대차보호법

호출자제한기업집단의 계열회사"란 일정규모 이상의 자산총액 등 대통령령이 정하는 기준에 해당되어 제14즈(상호출자제한기업집단등의 지정) 제1항의 규정에 따라 지정된 기업집단의 계열회사를 말한다(독점규제법 제9조 제1항 참조). "일정규모 이상의 자산총액 등 대통령령이 정하는 기준은 같은 법 시행령 제17조에서 규정하였다. 같은 법 제14조의 인용은 여기에서는 생략한다.

이상에서 검토한 내용으로서 상가법의 권리금에 관한 규정을 적용받을 수 없는 대상 상가건물을 정리하면, 더규모점포(대형마트·전문점·백화점·쇼핑센터·복합쇼핑몰·그 밖의 대규모점포)·준대규모점포(슈퍼마켓 및 음·식료품 위주 종합소매점)의 일부에 해당하는 상가, 국유재산·공유재산인 상가 및 그 종물이 여기에 해당한다.

위 제외규정을 살펴보면, 권리금에 관한 규정을 적용받지 아니하는 점포의 대부분은 대기업 또는 그 계열회사 등이 소유하거나 그들이 가맹본부가 되어 운영하는 사업과 관련한 점포들이라는 사실을 알 수 있다. 결국 법 제10조의5는 임차인의 보호에는 미흡한 규정이라고 해석된다. 여기에 해당하는 점포를 임차하거나 여기에 해당하는 가맹점사업자가 되려 하는 경우에는 – 법률이 다소 복잡하게 규정하고는 있지만 – 꼼꼼히 검토하여야 할 것으로 생각된다.

3) 표준권리금계약서의 작성 등

국토교통부장관은 임차인과 신규임차인이 되려는 자가 권리금계약를 체결하기 위한 표준권리금계약서를 정하여 그 사용을 권장할 수 있다(법 제10조의6). 이 규정에 따라 정부는 「상가건물임대차 표준계약서」 양식을 법무부 · 국토교통부 · 중소기업청 홈페이지에서 다운로드 받을 수 있도록 하였다. 그리고 세무서와 주민센터에도 비치할 예정이라고 한다.

4) 권리금 평가기준의 고시

국토교통부장관은 권리금에 대한 감정평가의 절차와 방법 등에 관한 기준을 고시할 수 있다(법 제10조의7). 이는 국토교통부장관이 고시를 하더라도 당사자를 구속하는 사항은 아니므로, 참고사항에 불과한 것이다.

5) 차임연체와 해지

<u>임차인의 차임연체액이 3기의 차임액에 달하는 때에는 임대인은 계약을 해지할 수 있다</u>(법 제10조의8). 이 규정이 신설되기 전에는 민법 제640조의 규정에 의하여 차임연체액이 '2기'에 달하면 임대인은 계약을 해지할 수 있었다. 제10조의8에서 말하는

1. 상가건물 임대차보호법

'3기'라고 함은 연속하여 3기에 해당하는 경우단을 말하는 것이 아니라 연체 횟수를 종합하여 3기가 되는 경우를 의미한다.

〔판례〕 **차임연체액 3기의 의미**

상가건물의 임차인이 갱신 전부터 차임을 연체하기 시작하여 갱신 후에 차임연체액이 2기의 차임액에 이른 경우에도 임대차계약의 해지사유인 '임차인의 차임연체액이 2기의 차임연체액에 달하는 때'에 해당하므로, 이러한 경우 특별한 사정이 없는 한 임대인은 2기 이상의 차임연체를 이유로 갱신된 임대차계약을 해지할 수 있다고 보아야 한다(대법원 2014. 7. 24. 선고 2012다28486 판결).

↳이 판례는 임대차기간의 갱신 전에 차임을 1기 연체한 뒤 그 임대차계약을 갱신한 후에 다시 1기를 연체한 경우에도 이를 합하여 2기의 연체로 본다는 취지이다. 현행법은 이를 '3기'로 규정하였으므로, 위 판례에서 말하는 2기를 3기로 바꾸더라도 위 판례의 법리(法理)는 그대로 적용된다.

5. 대항요건(대항력)

제3조(대항력 등) ① 임대차는 그 등기가 없는 경우에도 임차인이 건물의 인도와 「부가가치세법」 제8조, 「소득세법」 제168조 또는 「법인세법」 제111조에 따른 사업자등록을 신청하면 그 다음 날부터 제3자에 대하여 효력이 생긴다.
② 임차건물의 양수인(그 밖에 임대할 권리를 승계한 자를 포함한다)은 임대인의 지위를 승계한 것으로 본다.
③ 이 법에 따라 임대차의 목적이 된 건물이 매매 또는 경매의 목적물이 된 경우에 「민법」 제575조 제1항·제3항 및 제578조를 준용한다.
④ 제3항의 경우에는 「민법」 제536조를 준용한다.

민법 제575조(제한물권 있는 경우와 매도인의 담보책임) ① 매매의 목적물이 지상권, 지역권, 전세권, 질권 또는 유치권의 목적이 된 경우에 매수인이 이를 알지 못한 때에는 이로 인하여 계약의 목적을 달성할 수 없는 경우에 한하여 매수인은 계약을 해제할 수 있다. 기타의 경우에는 손해배상만을 청구할 수 있다.
③ 전2항의 권리는 매수인이 그 사실을 안 날로부터 1년 내에

I. 상가건물 임대차보호법

행사하여야 한다.

민법 제578조(경매와 매도인의 담보책임) ① 경매의 경우에는 경락인은 전8조의 규정에 의하여 채무자에게 계약의 해제 또는 대금감액의 청구를 할 수 있다.
② 전항의 경우에 채무자가 자력이 없는 때에는 경락인은 대금의 배당을 받은 채권자에 대하여 그 대금 전부나 일부의 반환을 청구할 수 있다.
③ 전2항의 경우에 채무자가 물권 또는 권리의 흠결을 알고 고지하지 아니하거나 채권자가 이를 알고 경매를 청구한 때에는 경락인은 그 흠결을 안 채무자나 채권자에 대하여 손해배상을 청구할 수 있다.

가. 의의

부동산에 관하여 등기를 할 수 있는 권리는 원칙적으로 소유권과 물권(권리질권 · 지상권 · 지역권 · 전세권 · 저당권 · 가등기담보권)이다. 임차권은 채권이다. 그런데 「민법」과 「부동산등기법」은 임차인의 보호를 위하여 특별히 채권인 임차권도 등기를 할 수 있다고 규정하였다. 민법 제621조에서는 "부동산임차인은 당사자간에 반대약정이 없으면 임대인에 대하여 그 임대차등기절차에 협력할 것을 청구할 수 있다."고 규정하였다. 그러나 이를 청구하는 임차인도 드물 뿐만 아니라 이에 협력하는 임대인을 찾아보기 어렵다.

임차인을 보호한다고 함은 임차권을 마치 물권과 같이 취급하는 것을 의미한다. 임차권은 채권이지만 물권과 같이 취급하면 임대차 목적 부동산의 경매절차에서 임차인은 채권에 우선하여 변제를 받을 수 있기 때문이다. 원래 부동산에 대한 강제집행인 경매절차에서는 물권은 채권에 대하여 우선변제를 받는다. 즉 경매대가의 배당절차에서 그 부동산 소유자에 대한 관계에서 담보물권자는 채권자보다 우선적으로 채권의 변제를 받음을 뜻한다.

임차권의 대항력이라고 함은 대항요건을 갖춘 임차권은 물권과 같은 효력을 인정하여 그 임차인을 보호함에 있어서의 그 요건의 효력, 즉 물권적 효력을 말한다.

나. 대항력의 요건

상가건물의 임차인이 대항력을 갖추기 위해서는 두 가지의 요건을 갖추어야 한다. ① 상가건물의 인도(引渡)를 받는 것과 ② 관할세무서장에게 사업자등록을 신청하는 것이 그것이다.

'인도'는 임대인을 비롯한 다른 사람의 간섭으로부터 독립하여 그 상가건물을 점유하면서 사용·수익할 수 있는 상태를 개시하는 것을 의미한다. 즉 임차인의 지위에서 사용하게 되는 시기(始期)를 인도라고 이해하면 된다. 사업자등록의 신청은 해당 건물

1. 상가건물 임대차보호법

의 임대차계약서와 부동산등기사항증명서(등기부등본)를 가지고 관할세무서에 가서 신고서를 제출하는 때를 가리킨다. 이 두 가지 요건 중 나중의 요건이 갖추어지는 때에 비로소 대항요건을 갖추게 된다. 정확히는 그 다음날 영시부터 대항력을 갖는다.

〔판례〕

건물 일부분 임차의 경우 공시방법인 도면의 첨부 요부 판단 기준

「상가건물 임대차보호법」제3조 제1항에서 건물의 인도와 더불어 대항력의 요건으로 규정하고 있는 사업자등록은 거래의 안전을 위하여 임차권의 존재를 제3자가 명백히 인식할 수 있게 하는 공시방법으로 마련된 것이다. 따라서 사업자등록이 어떤 임대차를 공시하는 효력이 있는지 여부는 일반 사회통념상 그 사업자등록으로 당해 임대차건물에 사업장을 임차한 사업자가 존재하고 있다고 인식할 수 있는지 여부에 따라 판단하여야 한다.

한편 「상가건물 임대차보호법」제4조와 그 시행령 제3조 및 「부가가치세법」제5조와 그 시행령 제7조(소득세법 및 법인세법상의 사업자등록에 준용)에 의하면, 사업자가 상가건물의 일부를 임차하는 경우에는 사업자등록신청서에 해당 부분의 도면을 첨부하여야 하고, 이해관계인은 임대차의 목적이 건물의 일부분인 경우 그 부분 도면의 열람 또는 제공을 요청할 수 있도록 하고 있으므로, 건물의 일부분을 임차한 경우 그 사업자등록이 제3자에 대한 관계에서 유효한 임대차계약의 공시방법이 되기 위해서

자영업자가 꼭 알아야 할 법률지식 및 사업자금 조달방법

는 특별한 사정이 없는 한 사업자등록신청시 그 임차부분을 표시한 도면을 첨부하여야 할 것이다(대법원 2008. 9. 25. 선고 2008다44238 판결 참조).

다만, 앞서 본 사업자등록이 상가건물 임대차에 있어서 공시방법으로 마련된 취지에 비추어 볼 때, 상가건물의 일부분을 임차한 사업자가 사업자등록시 임차 부분을 표시한 도면을 첨부하지는 않았지만, 예컨대 상가건물의 특정 층 전부 또는 명확하게 구분되어 있는 특정 호실 전부를 임차한 후 이를 제3자가 명백히 인식할 수 있을 정도로 사업자등록사항에 표시한 경우 또는 그 현황이나 위치, 용도 등의 기재로 말미암아 도면이 첨부된 경우에 준할 정도로 임차 부분이 명백히 구분됨으로써 당해 사업자의 임차 부분이 어디인지를 객관적으로 명백히 인식할 수 있을 정도로 표시한 경우와 같이 일반 사회통념상 그 사업자등록이 도면 없이도 제3자가 해당 임차인이 임차한 부분을 구분하여 인식할 수 있을 정도로 특정이 되어 있다고 볼 수 있는 경우에는 그 사업자등록을 제3자에 대한 관계에서 유효한 임대차의 공시방법으로 볼 수 있다고 할 것이다(대법원 2011. 11. 24. 선고 2010다56678 판결).

〔판례〕
부동산등기부등본과 임대차계약서의 표시가 불일치하면 대항력 부인

1. 상가건물 임대차보호법

사업자등록신청서에 첨부한 임대차계약서상의 임대차 목적물 소재지가 당해 상가건물에 대한 등기부상의 표시와 불일치하는 경우에는 특별한 사정이 없는 한 그 사업자등록은 제3자에 대한 관계에서 유효한 임대차의 공시방법이 될 수 없다(대법원 2008. 9. 25. 선고 2008다44238 판결).

〔판례〕

상가건물 전차인(轉借人)이 대항요건 갖추는 요건

사업자가 폐업하거나 사업개시일 전에 등록한 자가 그 후 사실상 사업을 개시하지 아니하게 되는 때에는 지체없이 관할세무서장은 그 등록을 말소하여야 한다고 규정하고 있는 「부가가치세법」 제5조 제4항, 제5항의 규정 취지에 비추어 보면 상가건물을 임차하고 사업자등록을 마친 사업자가 임차건물의 전대차 등으로 당해 사업을 개시하지 않거나 사실상 폐업한 경우에는 그 사업자등록은 「부가가치세법」 및 「상가건물 임대차보호법」이 상가임대차의 공시방법으로 요구하는 적법한 사업자등록이라고 볼 수 없고, 이 경우 임차인이 「상가건물 임대차보호법」상의 대항력 및 우선변제권을 유지하기 위해서는 건물을 직접 점유하면서 사업을 운영하는 전차인이 그 명의로 사업자등록을 하여야 할 것이다(대법원 2006. 1. 13. 선고 2005다64002 판결).

↳이 판례가 설명하는 취지를 요약하면 이렇다. 임차인 甲이

사업자등록을 하였지만 전차인(轉借人) 乙에게 전대(轉貸 : 임차인이 임대인의 동의를 받아 하는 재임대)하고, 상가건물은 전차인 乙이 실제로 점유하면서 사업을 영위하는 경우에는 乙은 대항요건을 갖춘 경우가 아니므로, 乙이 대항요건을 갖추기 위해서는 甲의 사업자등록은 말소신청(폐업신고)을 하고, 乙이 별도의 사업자등록을 하여야 한다는 뜻이다.

다. 대항력의 효과

상가건물의 임차인이 그 건물을 인도 받고 사업자등록을 신청하면 그 다음 날 영시부터 제3자에 대하여 대항력이 생긴다. 그리고 대항력을 갖춘 임차인이 있는 상가건물을 양수한 자는 해당 임차인에 대한 관계에서 종전 임대인과 동일한 권리의무를 승계한 것으로 본다.

법 제3조 제3항·제4항에서는 대항력을 갖춘 상가건물 임차인에게는 민법 제575조 제1항·제3항 및 제578조를 준용한다고 규정하였고, 또한 이 경우에는 민법 536조를 준용한다고 규정하였다.

민법 제575조는 제한물권 있는 경우에서 부동산 매도인의 담보책임에 관하여 규정하고 있는바, "매매의 목적물이 지상권, 지역권, 전세권, 질권 또는 유치권의 목적이 된 경우에 매수인이

1. 상가건물 임대차보호법

이를 알지 못한 때에는 이로 인하여 계약의 목적을 달성할 수 없는 경우에 한하여 매수인은 계약을 해제할 수 있다. 기타의 경우에는 손해배상만을 청구할 수 있다. 이 권리는 매수인이 그 사실을 안 날부터 1년 내에 행사하여야 한다."고 규정하였다. 즉 법 제3조 제3항의 규정취지는 대항력을 갖춘 임차권은 비록 채권이지만 위 제한물권으로 취급하겠다는 것이다.

민법 제578조는 매매의 목적물이 경매되는 경우에 있어서의 매도인의 담보책임에 관한 규정인데, "경매의 경우에는 경락인(현행「민사집행법」에서는 '매수인')은 전8조의 규정(민법 제570조 내지 제577조, 매도인의 담보책임에 관한 규정)에 의하여 채무자에게 계약의 해제 또는 대금감액의 청구를 할 수 있다. 채무자가 자력(資力)이 없는 때에는 경락인은 대금의 배당을 받은 채권자에 대하여 그 대금 전부나 일부의 반환을 청구할 수 있다. 이상의 경우에 채무자가 물건 또는 권리의 흠결을 알고 고지하지 아니하거나 채권자(여기에서는 '상가건물 임차인'을 말함)가 이를 알고 경매를 청구한 때에는 경락인은 그 흠결을 안 채무자나 채권자에 대하여 손해배상을 청구할 수 있다."고 규정하였다. 상가법 제3조 제3항에서는 민법 제578조를 준용한다고 규정하였으므로, 대항력을 갖춘 상가건물 임차권에 의하여 매매의 목적물이 경매되는 경우에는 민법상 매도인의 담보책임에 관한 규정을 준용한다는 의미이다. 대항력을 갖춘 상가건물의 임차인에게는 경매신청권이 있기 때문이다.

법 제3조 제4항에서는 매도인의 담보책임에 관한 규정들을 적용함에 있어서는 민법 제536조를 준용한다고 규정하였는바, 민법 제536조에서는 "쌍무계약의 당사자 일방은 상대방이 그 채무이행을 제공할 때까지 자기의 채무이행을 거절할 수 있다. 그러나 상대방의 채무가 변제기에 있지 아니하는 때에는 그러하지 아니하다. 당사자 일방이 상대방에게 먼저 이행하여야 할 경우에 상대방의 이행이 곤란할 현저한 사유가 있는 때에는 자기의 채무이행을 거절할 수 있다."고 규정하였다. 이는 '동시이행의 항변권'에 관한 규정이므로, 경매의 목적물에 어떤 하자가 있어 경매(민법상으로는 '매매'에 해당)가 해제되는 경우에는 목적물의 반환과 이미 수령한 매매대금의 반환은 서로 동시이행의 관계에 있다는 의미이다.

〔판례〕
가등기 후 본등기 전에 대항력을 갖추어도 본등기가 경료되면 대항력 부인

　소유권이전등기청구권을 보전하기 위하여 가등기를 경료한 자가 그 가등기에 기하여 본등기를 경료한 경우에 가등기의 순위보전의 효력에 의하여 중간처분이 실효되는 효과를 가져 오므로, 가등기가 경료된 후 비로소「상가건물 임대차 보호법」소정의 대항력을 취득한 상가건물의 임차인으로서는 그 가등기에 기하여 본등기를 경료한 자에 대하여 임대차의 효력으로써 대항할

1. 상가건물 임대차보호법

수 없다(대법원 2007. 6. 28. 선고 2007다25599 판결).

↳소유권이전등기청구권은 가등기를 할 수 있다. '가등기'라고 함은 장래에 본등기('소유권이전등기'를 말함)를 할 수 있는 근거만을 갖추었을 뿐 아직 본등기를 실행할 수 있는 요건은 갖추지 못한 경우에 이를 등기부에 기록하는 것을 말하는데, 가등기가 경료된 부동산에 대하여 가등기 후에 어떤 등기가 되고, 그 다음에 이 가등기에 터 잡아 본등기가 마쳐지면 그 가등기 뒤에 이루어진 어떤 등기는 말소되는 것이 원칙이다.

상가건물의 임차권이 대항력을 갖추면 마치 등기를 한 권리와 같이 취급하므로, 이 대항력을 가등기 이후에 갖춘 경우에는 그 가등기에 의한 본등기가 마쳐지면 대항력은 그 때부터 소멸하게 된다는 것이 이 판례가 말하는 취지이다. 가등기가 되어 있는 상가건물을 임차하고자 하는 경우에는 주의하여야 할 부분이다.

6. 소액임차인의 보호(보증금의 우선변제권)

제14조(보증금 중 일정액의 보호) ① 임차인은 보증금 중 일정액을 다른 담보물권자보다 우선하여 변제받을 권리가 있다. 이 경우 임차인은 건물에 대한 경매신청의 등기 전에 제3조 제1항의 요건을 갖추어야 한다.
② 제1항의 경우에 제5조 제4항부터 제6항까지의 규정을 준용한다.
③ 제1항에 따라 우선변제를 받을 임차인 및 보증금 중 일정액의 범위와 기준은 임대건물가액(임대인 소유의 대지가액을 포함한다)의 2분의 1 범위에서 해당 지역의 경제 여건, 보증금 및 차임 등을 고려하여 대통령령으로 정한다.

시행령 제6조(우선변제를 받을 임차인의 범위) 법 제14조의 규정에 의하여 우선변제를 받을 임차인은 보증금과 차임이 있는 경우 법 제2조 제2항의 규정에 의하여 환산한 금액의 합계가 다음 각 호의 구분에 의한 금액 이하인 임차인으로 한다.
   1. 서울특별시 : 6천5백만 원
   2. 「수도권정비계획법」에 따른 과밀억제권역(서울특별시는 제외한다) : 5천5백만 원

   3. 광역시(「수도권정비계획법」에 따른 과밀억제권역에 포함된 지역과 군지역은 제외한다), 안산시, 용인시, 김포시 및 광주시 : 3천8백만 원

   4. 그 밖의 지역 : 3천만 원

시행령 제7조(우선변제를 받을 보증금의 범위 등) ① 법 제14조의 규정에 의하여 우선변제를 받을 보증금 중 일정액의 범위는 다음 각 호의 구분에 의한 금액 이하로 한다.

   1. 서울특별시 : 2천2백만 원

   2. 「수도권정비계획법」에 따른 과밀억제권역(서울특별시는 제외한다) : 1천9백만 원

   3. 광역시(「수도권정비계획법」에 따른 과밀억제권역에 포함된 지역과 군지역은 제외한다), 안산시, 용인시, 김포시 및 광주시 : 1천3백만 원

   4. 그 밖의 지역 : 1천만 원

② 임차인의 보증금 중 일정액이 상가건물의 가액의 2분의 1을 초과하는 경우에는 상가건물의 가액의 2분의 1에 해당하는 금액에 한하여 우선변제권이 있다.

③ 하나의 상가건물에 임차인이 2인 이상이고 그 각 보증금 중 일정액의 합산액이 상가건물의 가액의 2분의 1을 초과하는 경우에는 그 각 보증금 중 일정액의 합산액에 대한 각 임차인의 보증금 중 일정액의 비율로 그 상가건물의 가액의 2분의 1에 해당하는 금액을 분할한 금액을 각 임차인의 보증금 중 일

정액으로 본다.

제8조(경매에 의한 임차권의 소멸) 임차권은 임차건물에 대하여 「민사집행법」에 따른 경매가 실시된 경우에는 그 임차건물이 매각되면 소멸한다. 다만, 보증금이 전액 변제되지 아니한 대항력이 있는 임차권은 그러하지 아니하다.

여기에서 검토할 문제는 임대차의 목적물인 상가건물이 경매(세무서장이 실시하는 '공매'를 포함한다)되는 경우, 즉 임대인이 어느 채권자에게 채무(임차인의 보증금 포함)를 변제하지 못하여 임대차의 목적물이 경매되는 경우에 대항력(건물의 인도+사업자등록신청)을 갖추고 임대계약서상에 세무서장의 확정일자를 받은 상가건물 임차인이 일반 채권자들보다는 우선하고, 물권자들과는 대등한 순위에서 보증금을 배당받는 문제이다. 이를 '우선변제권'이라고 한다.

여기에서 필자가 "물권자들과는 대등한 지위"라고 표현한 부분을 부연하여 설명하면 이렇다. 상가건물의 임차인이 대항요건 및 확정일자를 모두 갖춘 시점과 다른 물권자의 물권이 성립한 시점을 비교하여 대항요건 및 확정일자의 성립시기가 물권의 성립시기보다 빠른 경우에는 보증금 전액에 대하여 물권자보다 우선하고, 대항요건 및 확정일자의 성립시기가 물권의 성립시기보다 늦은 경우에는 우선변제권이 인정되는 부분에 관하여만 물권

1. 상가건물 임대차보호법

에 우선하며, 나머지 보증금은 물권의 성립시기와 견주어 우열을 가리게 됨을 말하는 것이다. 여기에서 말하는 물권이란 권리질권·전세권·저당권·가등기담보권·유치권을 말한다. 이 중 유치권은 등기부상으로는 확인할 수 없는 권리이다.

우선변제권과 관련하여 상가법은 대항력과 확정일자를 갖춘 모든 상가건물 임차인의 보증금 전액을 보호해주지는 못한다. 즉 보호를 받기 위해서는 일정한 범위 안에 드는 보증금이어야 하고, 그것도 상가법 시행령이 규정하는 일정한 비율까지의 보증금만 보호된다. 일정한 비율까지라는 것은 경매대금의 2분의 1까지를 말한다. 그 이유는 다른 물권자들의 권리를 과도하게 침해하면 안 되기 때문이다. 그러나 현행 상가법 시행령의 규정에 의하면 보호받을 수 있는 보증금액은 지나치게 소액이라는 비판을 받을 수밖에 없을 것으로 보인다.

상가건물 소액임차인이 보호를 받으려면 경매신청 전에 법 제3조 제1항의 규정에 의한 대항요건(상가건물 인도+사업자등록신청) 및 세무서장의 확정일자를 갖추어야 한다.

법 제14조 제2항에서는 법 제5조 제4항부터 제6항까지의 규정을 준용한다고 규정하였다. 법 제5조는 경매·공매 절차에서 임차인이 우선변제의 순위와 보증금에 관하여 불만이 있는 경우 이의신청을 할 수 있다는 점과 이의신청이 있는 경우의 처리 절차 등을 규정하였다.

법 시행령 제6조 각 호 외의 부분 본문에서는 "법 제2조 제2

항의 규정에 의하여 환산한 금액의 합계"가 같은 조 각 호의 구분에 따른 금액 이하인 경우에만 우선변제권이 있다는 취지를 규정하였다. 즉 환산한 금액의 합계가 각 호에서 규정하는 금액을 초과하는 경우에는 우선변제는 받을 수 없고, 다만 물권자들과 대등한 지위에서 보증금의 변제(배당)를 받을 수 있다는 의미이다. 법 제2조 제2항의 규정에 의하여 환산한 금액의 합계라고 하는 것은 이 책자의 목차 중 '3. 법률의 적용범위'에서 소개한 바와 같이 〔보증금 + (월차임 × 100)〕의 계산식에 의하여 환산한 금액을 말한다.

　법 시행령 제7조에서는 우선변제를 받을 보증금의 범위를 규정하고 있는데, 이는 법 시행령 제6조의 규정에 의한 범위 내의 보증금에 해당할 것을 요건으로 한다는 점은 앞에서 검토하였고, 위 규정에서 말하는「수도권정비계획법」에 의한 '과밀억제권역'은 서울특별시, 인천광역시 및 경기도를 말한다.

　이상의 규정을 종합하여 서울지역에서 상가건물의 보증금을 우선변제 받을 수 있는 조건 및 금액을 예로 들면, 보증금에 차임(월임대료)을 보증금으로 환산한 금액을 합한 금액이 6천5백만 원 이하인 경우에만 소액임차인 우선변제권이 인정되며, 이 경우 해당 건물의 경매에서는 2천2백만 원은 다른 물권자보다 우선변제를 받고, 나머지 보증금은 일반 채권자보다는 우선하지만 다른 물권자들과는 대항요건+확정일자의 성립시기와 물권의 성립시기를 견주어 우열을 가리게 된다.

1. 상가건물 임대차보호법

위와 같이 환산한 금액이 서울 지역의 경우 4억 원을 초과하는 임차인에게는 우선변제권이 아예 없으므로, 일반채권자와 같은 순위에서 그들과 함께 안분배당(按分配當 : 우선변제권 있는 채권인 경매비용·임금채권·조세 등과 물권자들에 대한 배당을 먼저 실시하고, 여기에서 남는 매각대금이 있으면 일반채권자들의 채권은 채권액에 비례하여 배당하는 것)을 받아야 한다. 임대차의 목적 건물이 경매되는 경우에는 권리금을 한 푼도 회수하지 못한다. 현행 상가법은 임차인을 보호함에는 매우 미흡하다는 느낌을 지울 수 없다.

〔판례〕 대항력 갖춘 사업자가 동일 장소에서 폐업 후 재등록 하면 대항력 부인

상가건물의 임차인이 임대차보증금 반환채권에 대하여 「상가건물 임대차보호법」 제3조 제1항 소정의 대항력 또는 같은 법 제5조 제2항 소정의 우선변제권을 가지려면 임대차의 목적인 상가건물의 인도 및 「부가가치세법」 등에 의한 사업자등록을 구비하고, 관할세무서장으로부터 확정일자를 받아야 하며, 그 중 사업자등록은 대항력 또는 우선변제권의 취득요건일 뿐만 아니라 존속요건이기도 하므로, 배당요구의 종기까지 존속하고 있어야 하는 것이며, 상가건물을 임차하고 사업자등록을 마친 사업자가 폐업한 경우에는 그 사업자등록은 「상가건물 임대차보호법」이 상가임대차의 공시방법으로 요구하는 적법한 사업자등록이라고 볼

수 없으므로(대법원 2006. 1. 13. 선고 2005다64002 판결 참조), 같은 사업자가 폐업신고를 하였다가 다시 같은 상호 및 등록번호로 사업자등록을 하였다고 하더라도「상가건물 임대차보호법」상의 대항력 및 우선변제권이 그대로 존속한다고 할 수 없다 (대법원 2006. 10. 13. 선고 2006다56299 판결).

> ↳ 이 판례가 말하는 "배당요구의 종기(終期)"란 경매절차에서 각 채권자가 경매법원에 대하여 배당금을 신청할 수 있는 기간의 말일을 말한다.

7. 임대차 기간

　기간을 정하지 아니하거나 기간을 1년 미만으로 정한 임대차는 그 기간을 1년으로 본다. 다만, 임차인은 1년 미만으로 정한 기간이 유효함을 주장할 수 있다. 임대차가 종료한 경우에도 임차인이 보증금을 돌려받을 때까지는 임대차 관계는 존속하는 것으로 본다(법 제9조).

1. 상가건물 임대차보호법

8. 계약갱신요구 및 차임 등의 증감청구

제10조(계약갱신요구 등) ① 임대인은 임차인이 임대기간이 만료되기 6개월 전부터 1개월 전까지 사이에 계약갱신을 요구할 경우 정당한 사유 없이 거절하지 못한다. 다만, 다음 각 호의 어느 하나의 경우에는 그러하지 아니하다.

1. 임차인이 3기의 차임액에 해당하는 금액에 이르도록 차임을 연체한 사실이 있는 경우
2. 임차인이 거짓이나 그 밖의 부정한 방법으로 임차한 경우
3. 서로 합의하여 임대인이 임차인에게 상당한 보상을 제공한 경우
4. 임차인이 임대인의 동의 없이 목적 건물의 전부 또는 일부를 전대(轉貸)한 경우
5. 임차인이 임차한 건물의 전부 또는 일부를 고의나 중대한 과실로 파손한 경우
6. 임차한 건물의 전부 또는 일부가 멸실되어 임대차의 목적을 달성하지 못할 경우
7. 임대인이 다음 각 목의 어느 하나에 해당하는 사유로 목적 건물의 전부 또는 대부분을 철거하거나 재건축하기 위

자영업자가 꼭 알아야 할 법률지식 및 사업자금 조달방법

하여 목적 건물의 점유를 회복할 필요가 있는 경우
가. 임대차계약 체결 당시 공사시기 및 소요기간 등을 포함한 철거 또는 재건축 계획을 임차인에게 구체적으로 고지하고 그 계획에 따르는 경우
나. 건물이 노후·훼손 또는 일부 멸실되는 등 안전사고의 우려가 있는 경우
다. 다른 법령에 따라 철거 또는 재건축이 이루어지는 경우
8. 그 밖에 임차인이 임차인으로서의 의무를 현저히 위반하거나 임대차를 계속하기 어려운 중대한 사유가 있는 경우
② 임차인의 계약갱신요구권은 최초의 임대차기간을 포함한 전체 임대차기간이 5년을 초과하지 아니하는 범위에서만 행사할 수 있다.
③ 갱신되는 임대차는 전임대차와 동일한 조건으로 다시 계약된 것으로 본다. 다만, 차임과 보증금은 제11조에 따른 범위에서 증감할 수 있다.
④ 임대인이 제1항의 기간 이내에 임차인에게 갱신거절의 통지 또는 조건변경의 통지를 하지 아니한 경우에는 그 기간이 만료된 때에 전임대차와 동일한 조건으로 다시 임대차한 것으로 본다. 이 경우에 임대차의 존속기간은 1년으로 본다.
⑤ 제4항의 경우에 임차인은 언제든지 임대인에게 계약해지의 통고를 할 수 있고, 임대인이 통고를 받은 날부터 3개월이 지

1. 상가건물 임대차보호법

나면 효력이 발생한다.

제11조(차임 등의 증감청구권) ① 차임 또는 보증금이 임차건물에 관한 조세, 공과금, 그 밖의 부담의 증감이나 경제 사정의 변동으로 인하여 상당하지 아니하게 된 경우에는 당사자는 장래의 차임 또는 보증금에 대하여 증감을 청구할 수 있다. 그러나 증액의 경우에는 대통령령으로 정하는 기준에 따른 비율을 초과하지 못한다.

② 제1항에 따른 증액청구는 임대차계약 또는 약정한 차임 등의 증액이 있은 후 1년 이내에는 하지 못한다.

임대인이 계약갱신을 거절할 수 있는 사유 중 가장 문제되는 것은 "건물이 노후·훼손 또는 일부 멸실되는 등 안전사고의 우려가 있는 경우로서 철거나 재건축을 하려는 때"이다. 임대차계약을 체결하려는 임차인이 주의 깊게 살펴야 할 부분이라고 여겨진다.

법 제11조 제1항의 규정에 의한 차임 또는 보증금의 증액청구는 청구 당시의 차임 또는 보증금의 100분의 9의 금액을 초과하지 못한다(시행령 제4조).

〔판례〕

제11조 제1항의 적용 요건

「상가건물 임대차보호법」 제11조 제1항에서 "차임 또는 보증금이 임차건물에 관한 조세, 공과금, 그 밖의 부담의 증감이나 경제사정의 변동으로 인하여 상당하지 아니하게 된 경우에는 당사자는 장래의 차임 또는 보증금에 대하여 증감을 청구할 수 있다. 그러나 증액의 경우에는 대통령령으로 정하는 기준에 따른 비율을 초과하지 못한다"고 규정하고, 제2항에서 "제1항에 따른 증액청구는 임대차계약 또는 약정한 차임 등의 증액이 있은 후 1년 이내에는 하지 못한다."고 규정하고 있는바, <u>위 규정은 임대차계약의 존속 중 당사자 일방이 약정한 차임 등의 증감을 청구한 경우에 한하여 적용되고, 임대차계약이 종료한 후 재계약을 하거나 임대차계약 종료 전이라도 당사자의 합의로 차임 등을 증액하는 경우에는 적용되지 않는다</u>(대법원 2014. 2. 13. 선고 2013다80481 판결).

1. 상가건물 임대차보호법

9. 월차임(月借賃) 전환의 경우 산정율(算定率) 제한

> 제12조(월차임 전환 시 산정율의 제한) 보증금의 전부 또는 일부를 월 단위의 차임으로 전환하는 경우에는 그 전환되는 금액에 다음 각 호 중 낮은 비율을 곱한 월차임의 범위를 초과할 수 없다.
> 1. 「은행법」에 따른 은행의 대출금리 및 해당 지역의 경제 여건 등을 고려하여 대통령령으로 정하는 비율
> 2. 한국은행에서 공시한 기준금리에 대통령령으로 정하는 배수를 곱한 비율

보증금의 월차임 전환이라고 함은, 가령 보증금이 1억 원인 경우 보증금을 5천만 원으로 낮춤과 동시에 5천만 원 부분을 월세로 바꾸는 것을 말한다. 이러한 경우에는 법 제12조 제1호 및 제2호의 규정에 의하여 시행령이 규정하는 각 비율 중 낮은 비율을 곱하여 산출한 값을 초과하는 금액을 차임으로 할 수 없다. 제1호의 비율은 "1할2푼", 즉 12%이고, 제2호의 배수는 "4.5배"이다(시행령 제5조). 한국은행에서 고시한 기준금리는 한국은행

금융통화위원회가 매월 발표하는 금리로서 2015년 6월 현재는 1.50%이다.

위와 같은 기준에 의하여 보증금 5천만 원을 월차임으로 전환하는 요령을 계산해보면, 하나의 방식은 (5천만 원 × 0.12% = 600,000원)이고, 다른 하나는 (5천만 원 × 4.5배 × 1.50% = 337,500원)이 된다. 따라서 보증금 5천만 원을 월차임으로 전환할 경우에 월차임의 증액은 이 중 낮은 비율을 곱한 월차임인 337,500원을 초과할 수 없다는 취지이다.

10. 보증금의 회수

임차인이 임차건물에 대하여 보증금반환청구소송의 확정판결이나 그 밖의 집행권원(執行權源)에 의하여 경매를 신청하는 경우에는 「민사집행법」 제41조의 규정에도 불구하고 반대의무의 이행이나 이행의 제공을 집행개시의 요건으로 하지 아니한다(제5조 제1항). 「민사집행법」 제41조는 집행개시의 요건, 즉 반대의무의 이행과 동시에 집행할 수 있다는 것을 내용으로 하는 집행권원에 의하여 강제집행을 하려는 경우에는 채권자가 반대의무를 이행하였거나 이행의 제공을 하였다는 점을 입증하여야만 강제집행을 개시할 수 있다는 내용을 규정하였다. 법 제5조 제1항은 「민사집행법」 제41조에 대한 특례를 규정한 것이다. 즉 보증

1 상가건물 임대차보호법

금을 반환받지 못하고 있는 임차인이 임대차의 목적 건물과 그 대지에 대하여 경매를 신청할 때에는 반대의무(임차건물의 인도의무)를 이행하였거나 이행을 제공하였다는 점을 입증하지 않더라도 무방하다는 의미이다.

제3조 제1항의 대항요건을 갖추고 관할세무서장으로부터 임대계약서상에 확정일자를 받은 임차인은「민사집행법」에 따른 경매 또는「국세징수법」에 따른 공매 절차에서 임차건물(임대인 소유의 대지 포함)의 환가대금(換價代金 : 매각대금)에서 후순위권리자나 그 밖의 채권자보다 우선하여 보증금을 변제받을 권리가 있다(제5조 제2항). 이 때 임차인이 보증금을 반환받기 위해서는 그 경매나 공매의 매수인에게 임차건물을 인도하여야 한다(제5조 제3항).

확정일자와 관련하여 살펴보면, 「주택임대차보호법」에 의하여 우선변제권을 확보하려는 경우에는 등기소·주민자치센터·읍·면의 사무소에서 확정일자를 받는다. 그러나 상가건물에 대한 임대차계약서의 확정일자는 관할세무서장이 부여한다는 점이 다르다.

자영업자가 꼭 알아야 할 법률지식 및 사업자금 조달방법

11. 임차권등기명령

가. 제도의 취지 및 명령신청의 요건

원래 임대차기간이 만료되면 임대인은 보증금을 반환하여야 할 의무를 부담하고, 임차인은 목적 건물을 반환하여야 할 의무를 부담한다. 이들은 동시이행의 관계에 있다. 그런데 임대차기간이 만료되었음에도 불구하고 임차인이 의무를 이행하지 않는 경우에는 임대인으로서는 소송과 인도집행을 하게 되지만, 거꾸로 임대인이 의무를 이행하지 않는 경우도 있다. 임차권등기명령 제도는 후자의 경우에 있어서 임차인을 보호하기 위하여 마련한 제도이다.

임대차가 종료된 후 보증금이 반환되지 아니한 경우 임차인은 임차건물의 소재지를 관할하는 지방법원, 지방법원 지원 또는 시·군법원에 임차권등기명령을 신청할 수 있다(제6조 제1항).

나. 신청의 방식

제6조(임차권등기명령) ② 임차권등기명령을 신청할 때에는 다음 각

1. 상가건물 임대차보호법

호의 사항을 기재하여야 하며, 신청이유 및 임차권등기의 원인이 된 사실을 소명하여야 한다.

1. 신청 취지 및 이유
2. 임대차의 목적인 건물(임대차의 목적이 건물의 일부분인 경우에는 그 부분의 도면을 첨부한다)
3. 임차권등기의 원인이 된 사실(임차인이 제3조 제1항에 따른 대항력을 취득하였거나 제5조 제2항에 따른 우선변제권을 취득한 경우에는 그 사실)
4. 그 밖에 대법원규칙으로 정하는 사항

「임차권등기명령 절차에 관한 규칙」 (대법원규칙)

제2조(임차권등기명령신청서의 기재사항 등) ① 임차권등기명령신청서에는 다음 각 호의 사항을 기재하고 임차인 또는 대리인이 기명날인 또는 서명하여야 한다.

1. 사건의 표시
2. 임차인과 임대인의 성명, 주소, 임차인의 주민등록번호(임차인이나 임대인이 법인 또는 법인 아닌 단체인 경우에는 법인명 또는 단체명, 대표자, 법인등록번호, 본점·사업장 소재지)
3. 대리인에 의하여 신청할 때에는 그 성명과 주소
4. 임대차의 목적인 주택 또는 건물의 표시(임대차의 목적이

주택 또는 건물의 일부인 경우에는 그 목적인 부분을 표시한 도면을 첨부한다)
5. 반환받지 못한 임차보증금액 및 차임(주택임대차보호법 제12조 또는 상가건물임대차보호법 제17조의 등기하지 아니한 전세계약의 경우에는 전세금)
6. 신청의 취지와 이유
7. 첨부서류의 표시
8. 연월일
9. 법원의 표시

② 신청이유에는 임대차계약의 체결 사실 및 계약내용과 그 계약이 종료한 원인사실을 기재하고, 임차인이 신청 당시에 이미 상가건물임대차보호법 제3조 제1항에 따른 대항력을 취득한 경우에는 임차건물을 점유하기 시작한 날과 사업자등록을 신청한 날을, 제5조 제2항에 따른 우선변제권을 취득한 경우에는 임차건물을 점유하기 시작한 날, 사업자등록을 신청한 날과 임대차계약서상의 확정일자를 받은 날을 각 기재하여야 한다.

③ 임차권등기명령신청서에는 2,000원의 인지를 붙여야 한다.

제3조(임차권등기명령신청서의 첨부서류) 임차권등기명령신청서에는 다음 각 호의 서류를 첨부하여야 한다.
1. 임대인의 소유로 등기된 주택 또는 건물에 대하여는 등기사항증명서

1. 상가건물 임대차보호법

2. 임대인의 소유르 등기되지 아니한 주택 또는 건물에 대하여는 즉시 임대인의 명의로 소유권보존등기를 할 수 있음을 증명할 서면
3. 주택임차권등기명령신청의 경우에는 임대차계약증서, 상가건물임차권등기명령신청의 경우에는 임대차계약서
4. 임차인이 신청 당시에 이미 상가건물임대차보호법 제3조 제1항에 따른 대항력을 취득한 경우에는 임차건물을 점유하기 시작한 날과 사업자등록을 신청한 날을 소명하는 서류, 제5조 제2항에 따른 우선변제권을 취득한 경우에는 임차건물을 점유하기 시작한 날과 사업자등록을 신청한 날을 소명하는 서류 및 관할세무서장의 확정일자가 찍혀있는 임대차계약서
5. 상가건물임차권등기명령신청의 경우 임대차 목적물의 일부를 영업용으로 사용하지 아니하는 경우에는 임대차계약 체결시부터 현재까지 그 주된 부분을 영업용으로 사용하고 있음을 증명하는 서류

자영업자가 꼭 알아야 할 법률지식 및 사업자금 조달방법

〔임차권등기명령신청서〕

상가건물임차권등기명령신청

신청인(임차인)　　○○○ (○○○○○○-○○○○○○○)
　　　　　　　　　서울 ○○구 ○○○로 ○○-○
　　　　　　　　　010-○○○○-○○○○

피신청인(임대인)　　○○○ (○○○○○○-○○○○○○○)
　　　　　　　　　서울 ○○구 ○○○로 ○○-○
　　　　　　　　　010-○○○○-○○○○

신 청 취 지

별지 목록 기재 부동산에 관하여 아래와 같은 상가건물임차권 등기를 명한다.
라는 재판을 구합니다.

아　　　래

1. 임대차계약일자 : ○○○○. ○. ○○.

1. 상가건물 임대차보호법

2. 임차보증금액 : 금   원(차임 : 금   원)
3. 사업자등록신청일자 : ○○○○. ○. ○.
4. 점유개시일자 : ○○○○. ○. ○.
5. 확정일자 : ○○○○. ○. ○.

신 청 이 유

1. 신청인은 ○○○○. ○. ○. 피신청인과의 사이에 별지 목록 기재 상가건물에 대하여 계약기간은 ○○○○. ○. ○.부터 ○○○○. ○. ○.까지(○년 ○개월)로, 보증금은 금   원으로, 차임은 매월 금   원으로 하는 임대차계약을 체결하였고, 목적 건물은 현재까지 신청인이 점유하고 있습니다.
2. 신청인은 피신청인에 대하여 위 임대차계약기간이 만료되기 전인 ○○○○. ○. ○. 재계약을 원하지 않는다는 취지를 내용증명우편을 이용하여 통지한 사실이 있습니다. 그런데 피신청인은 아직까지 위 보증금의 반환을 하지 않고 있어 부득이 이 신청을 하기에 이르렀습니다.

첨 부 서 류

1. 건물 부동산등기사항증명서 1통

2. 주민등록등본 1통
3. 부동산임대계약서 사본 1통
4. 부동산목록 5통
5. 송달료납부서 1통
6. 등록세(교육세)영수필확인서 1통. 끝.

2015. ○. ○○.

신청인(임차인) ○ ○ ○ (날인)

○○지방법원 ○○지원 귀중

(별지)

부동산의 표시

1. 토지의 표시
   서울특별시 ○○구 ○○길 ○○○-○

2. 건물의 표시

1. 상가건물 임대차보호법

위 지상 벽돌조 슬래브지붕 2층 근린생활시설
지층 109.88㎡
1층 121.01㎡
2층 121.01㎡. 끝.

〈참고〉

○ 비용 : 인지는 2,000원짜리를 붙이고, 신청수수료는 3,000원을 납부한다. 등록세 및 교육세는 합하여 7,200원을 부동산 소재지 기초지방자치단체에 납부하고, 그 영수증인 등록세영수필확인서를 신청서에 첨부한다. 송달료는 (당사자의 수 2명 × 3회분 × 3,550원)에 해당하는 금액을 법원 구내에 있는 수납은행에 납부하고, 그 영수증인 송달료납부서를 신청서에 첨부한다. 다만, 송달료수납은행이 지정되지 아니한 시법원이나 군법원의 경우에는 해당 금액에 상당하는 우표를 붙이면 된다.

○ 부동산목록 : 임차권등기는 법원이 등기관에게 촉탁하는 방법으로 실행하게 되므로 등록세 등을 미리 납부하고, 그 영수증을 신청서에 첨부하는 것이다. 그리고 등기촉탁을 위해서는 부동산목록이 필요하므로 이를 신청서에 첨부하여야 하는데, 이를 작성할 때에는 부동산등기사항증명서(부동산등기부등본)에 기재된 내용과 동일하게 표시하여야 함을 주의해

야 한다.

다. 재판절차

임차권등기명령신청에 대한 재판은 「민사집행법」이 규정하는 가압류의 재판에 관한 규정을 준용한다(법 제6조 제3항). 따라서 명령이 집행되어 임차권등기가 마쳐질 때까지는 임대인에게는 통지를 하지 아니하고, 임차인도 원칙적으로 소환함이 없이 서류의 심사만으로 재판한다. 임차권등기명령신청을 기각하는 재판에 대하여는 임차인은 항고할 수 있다(법 제6조 제4항).

라. 명령의 효과

임차권등기명령은 판결에 의한 때에는 선고를 한 때에, 결정에 의한 때에는 상당한 방법으로 임대인에게 고지를 한 때에 그 효력이 발생한다(임차권등기명령규칙 제4조).

법원사무관등은 임차권등기명령의 효력이 발생하면 지체없이 촉탁서에 재판서 등본을 첨부하여 등기관에게 임차권등기의 기입을 촉탁하여야 한다(임차권등기규칙 제5조).

임차권등기명령의 집행에 따라 임차권등기를 마치면 임차인은 제3조 제1항에 따른 대항력과 제5조 제2항에 따른 우선변제권을 취득한다. 다만, 임차인이 임차권등기 이전에 이미 대항력 또

1 상가건물 임대차보호법

는 우선변제권을 취득한 경우에는 그 대항력 또는 우선변제권이 그대로 유지되며, 임차권등기 이후에는 제3조 제1항의 대항요건을 상실하더라도 이미 취득한 대항력 또는 우선변제권을 상실하지 아니한다(제6조 제5항). 임차인이 임차권등기명령을 신청하는 주된 목적은 바로 이 부분이다. 이제는 보증금의 반환을 받지 못한 상태에서도 상가건물을 임대인에게 인도할 수가 있게 되었기 때문이다.

　임차권등기명령의 집행에 따른 임차권등기를 마친 건물(임대차의 목적이 건물의 일부분인 경우에는 그 부분으로 한정한다)을 그 이후에 임차한 임차인은 제14조에 따른 우선변제를 받을 권리가 없다(제6조 제6항).

12. 전대차(轉貸借)에 적용하는 사항

　법 제10조, 제10조의2, 제10조의8, 제11조 및 제12조는 전대인(轉貸人)과 전차인(轉借人)의 전대차관계에 적용한다(법 제13조 제1항). 제10조는 계약갱신요구 등을, 제10조의2는 계약갱신의 특례를, 제10조의8은 차임연체와 해지를, 제11조는 차임 등의 증감청구권을, 제12조는 월차임 전환 시 산정율의 제한에 관하여 각각 규정하였다.

　임대인의 동의를 받고 전대차계약을 체결한 전차인은 임차인의 계약갱신요구권 행사기간 이내에 임차인을 대위(代位)하여 임대인에게 계약갱신요구권을 행사할 수 있다(법 제13조 제2항). 원래 임대인의 동의를 받지 아니한 전대차계약은 임대인에 대하여는 효력이 없다. 따라서 이 규정은 임대인의 동의를 받은 전대차에만 적용됨은 당연하다. 여기에서 말하는 '대위'라고 함은 전차인이 전대인의 권리를 대신 행사하는 것을 말한다. 대위권의 행사에 관한 내용은 민법 제404조 및 제405조(채권자대위권)에서 규정한다.

13. 강행규정 및 「소액사건심판법」의 준용

상가법의 규정에 위반된 약정으로서 임차인에게 불리한 것은 효력이 없다(법 제15조). 이는 약정 당시에 임차인이 그 불리함을 알았든 몰랐든 적용되는 편면적 강행규정이다.

임차인이 임대인에게 제기하는 보증금반환청구소송에 관하여는 「소액사건심판법」 제6조·제7조·제10조 및 제11조의2를 준용한다(법 제18조). 이 법은 소가(訴價) 2천만 원 이하의 소액에 관한 소송절차를 간이한 절차에 의할 목적 등으로 제정된 「민사소송법」의 특별법이다. 제6조는 소장의 송달에 관한 특례(이행권고결정의 송달)를, 제7조는 변론기일의 지정에 관한 특례(야간 또는 공휴일의 지정 가능)를, 제10조는 증거조사에 관한 특칙(직

1. 상가건물 임대차보호법

권에 의한 증거조사 및 증인에 대한 판사의 신문)을, 제11조의2는 판결에 관한 특례를 각각 규정한다. 보증금의 액수와 관계없이 위 규정들은 준용된다.

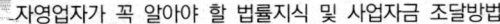
자영업자가 꼭 알아야 할 법률지식 및 사업자금 조달방법

2

가맹사업(프랜차이즈)

자영업자가 꼭 알아야 할 법률지식 및 사업자금 조달방법

1. 가맹사업에 관한 이해

　가맹업(franchise)의 의의를 규정하고 있는 상법 제168조의6에 의하면 '가맹업'은 자신의 상호·상표 등을 제공하는 것을 영업으로 하는 자(이하 "가맹업자"라 한다)로부터 그의 상호 등을 사용할 것을 허락받아 가맹업자가 지정하는 품질기준이나 영업방식에 따라 영업을 하는 자를 '가맹상(加盟商)'이라고 규정하였다.

　프랜차이즈 관련 사업을 하려는 사람(이하 "가맹점사업자"라고 줄여 씀)은 가맹상(이하 "가맹본부"라고 함)에게 보증금을 지급하는 것은 물론이고, 가맹본부가 제공하는 상호·기술 등을 사용하는 대가(loyalty)도 지불하여야 하며, 가맹본부가 제공하는 물품 등을 의무적으로 공급받으면서도 여러 가지의 간섭을 받는다.

　가맹점사업자가 독립사업자로서 창업을 함에 있어 가맹본부에 대하여 많은 돈을 지불하면서도 여러 가지 간섭 등의 구속을 받는 이유는 가맹본부만이 가지고 있는 기술·신용·인지도·영업상의 노하우(know-how) 등을 사용할 수 있기 때문이다. 물론 여기에는 일정한 제약은 따르기 마련이다.

　이처럼 가맹본부가 가맹점사업자의 영업을 위하여 여러 가지

2. 가맹사업(프랜차이즈)

이득을 제공하는 경우라면 이른바 상생의 길이 될 것임은 의문의 여지가 없다. 그러나 과거 한 때 우후죽순처럼 생겨난 가맹본부 중 일부는 가맹점사업자로부터 고액의 보증금을 받고, 고가의 시설 및 설비를 매도하는 등의 부당이득을 얻는 수단으로만 프랜차이즈 사업을 하는 경우도 많았다. 이러한 과정에서는 필연적으로 허위·과장의 광고를 하게 된다. 그리고 가맹점사업자가 되려는 사람에게 제대로 된 정보를 공개하지도 않는다. 이른바 '갑을관계'가 사회 문제로 대두하였다. 이러한 문제점들을 바로잡고자 태어난 법률이 여기에서 검토하는 「가맹사업거래의 공정화에 관한 법률」(이하 "가맹사업법"이라고 줄여 씀)이다.

2. 가맹사업법의 이해

상법에서는 가맹업에 관하여 제168조의6부터 제168조의10까지에서 규정하고 있는데, 이들 상법규정에 대한 특별법인 가맹사업법에서는 '가맹사업'이라 함은 가맹본부가 가맹사업자로 하여금 자기의 상표·서비스표·상호·간판 그 밖의 영업표지(이하 "영업표지"라 한다)를 사용하여 일정한 품질기준이나 영업방식에 따라 상품(원재료 및 부재료를 포함한다) 또는 용역을 판매하도록 함과 아울러 이에 따른 경영 및 영업활동 등에 대한 지원·교육과 통제를 하며, 가맹사업자는 영업표지의 사용과 경영 및 영업활동 등에 대한 지원·교육의 대가로 가맹본부에 가맹금을 지급하는 계속적인 거래관계라고 규정하였다(제2조 제1호).

여기에서 "가맹본부"라고 함은 가맹사업과 관련하여 가맹점사업자에게 가맹점운영권을 부여하는 사업자를 말하고, "가맹점사업자"란 가맹계약을 체결하기 위하여 가맹본부나 가맹지역본부와 상담하거나 협의하는 자를 말하며, "가맹지역본부"는 가맹본부와의 계약에 의하여 일정한 지역 안에서 가맹점사업자의 모집, 상품 또는 용역의 품질유지, 가맹점사업자에 대한 경영 및 영업활동의 지원·교육·통제 등 가맹본부의 업무의 전부 또는 일부를 대행하는 사업자를 말한다(제2조 제2호·제3호·제7호).

가맹사업법은 2002년 11월 1일부터 시행이 되었는데, 이 법을 제정하여 시행하게 된 주된 목적은 가맹본부가 가맹점사업자를 상대로 각종의 횡포(이른바 '갑의 횡포' 내지 '갑질')를 저지르는 것을 방지함에 있다고 말해도 과언이 아니다.

가맹본부가 법 제9조 제1항의 규정에 위반하여 허위·과장의 정보제공행위를 하거나 기만적인 정보제공행위를 하면 5년 이하의 징역이나 3억 원 이하의 벌금에 처한다(제41조 제1항). 다만, 위 형벌은 공정거래위원회의 고발이 있어야만 처벌할 수 있는 반의사불벌죄로 규정하였다(제44조 제1항).

그리고 이 법을 위반하여 형벌이나 과태료에 처해질 수 있는 사항을 공정거래위원회나 국민권익위원회에 신고함으로써 피신고자가 제재를 받는 경우에는 「공익신고자 보호법」에 의하여 신

2. 가맹사업(프랜차이즈)

고보상금이 지급된다. 이하 가맹사업법의 규정 내용을 중심으로 프랜차이즈와 관련한 법률관계를 살펴본다.

3. 가맹사업법의 적용배제

> **제3조(적용배제)** ① 이 법은 다음 각 호의 어느 하나에 해당하는 경우에는 적용하지 아니한다.
> 1. 가맹점사업자가 가맹금의 최초 지급일부터 6개월까지의 기간 동안 가맹본부에게 지급한 가맹금의 총액이 100만 원 이내의 범위에서 대통령령으로 정하는 금액을 초과하지 아니하는 경우
> 2. 가맹본부의 연간 매출액이 2억 원 이내의 범위에서 대통령령으로 정하는 일정 규모 미만인 경우. 다만, 가맹본부와 계약을 맺은 가맹사업자의 수가 5개 이상의 범위에서 대통령령으로 정하는 수 이상인 경우를 제외한다.
> ② 제1항에도 불구하고 제9조 및 제10조(제10조 제1항 제1호는 제외한다)는 모든 가맹사업거래에 대하여 적용한다.

가맹사업법 제3조 제1항 제1호는 가맹점사업자가 부담하는 가

맹금 등이 경미한 경우에는 이 법을 적용하지 않는다고 규정하였다. 그 경미한 범위는 시행령 5조 제1항에서 규정하고 있는데, 이에 의하면 가맹점사업자가 최초 지급일부터 6개월까지의 기간 동안 가맹본부에게 지급한 가맹금의 총액이 100만원 이내인 경우를 말한다.

제3조 제1항 제2호에서는 영세한 가맹본부의 경우에는 이 법의 규정을 적용하지 않는다고 규정하면서도 같은 호 단서에서는 시행령으로 정하는 가맹점사업자의 수가 일정 수 이상인 경우에는 가맹사업법을 적용한다고 규정하였다. 이 규정의 위임에 따라 시행령 제5조 제2항에서는 이 법의 적용배제 기준에 관하여 가맹본부의 연간 매출액을 5천만 원 이하로 규정하였다. 다만, 해당 가맹본부가 가맹사업을 시작하기 전에 해당 가맹사업과 같은 품질기준이나 영업방식에 따라 상품이나 용역을 판매하는 직영점을 개설하여 1년 이상 운영하고 있는 경우에는 직영점의 매출액을 포함하여 2억 원으로 규정하였다. 즉 매출액이 위 금액 이상인 경우에는 가맹사업법을 적용한다. 그리고 가맹점사업자의 수가 5 이상인 경우에는 매출액에 관계없이 가맹사업법을 적용한다(시행령 제5조 제5항).

가맹사업법 제3조 제2항에서는 위와 같은 적용배제 기준에 해당하는 소규모 가맹점사업자나 가맹본부라고 하더라도 가맹사업법 제9조 및 제10조(같은 조 제1항 제1호는 예외)의 규정만큼은 적용한다고 하였다. 제9조는 가맹본부가 가맹희망자나 가맹점사

2. 가맹사업(프랜차이즈)

업자에게 허위 또는 과장된 정보를 제공하는 것을 금지하는 규정이고, 제10조는 가맹본부가 가맹희망자나 가맹점사업자에게 가맹금을 반환하는 절차 등 가맹본부의 의무사항을 규정하였다. 이들 규정은 뒤에서 소개하기로 한다.

'가맹희망자'라고 함은 가맹계약을 체결하기 위하여 가맹본부나 가맹지역본부와 상담하거나 협의하는 자를 말한다(법 제2조 제4호).

4. 당사자의 준수사항

가. 가맹본부의 준수사항

제5조(가맹본부의 준수사항) 가맹본부는 다음 각 호의 사항을 준수한다.
1. 가맹사업의 성공을 위한 사업구상
2. 상품이나 용역의 품질관리와 판매기법의 개발을 위한 지속적인 노력
3. 가맹점사업자에 대하여 합리적 가격과 비용에 의한 점포설비의 설치, 상품 또는 용역 등의 공급
4. 가맹점사업자와 그 직원에 대한 교육·훈련

> 5. 가맹점사업자의 경영·영업활동에 대한 지속적인 조언과 지원
> 6. 가맹계약기간중 가맹점사업자의 영업지역 안에서 자기의 직영점을 설치하거나 가맹점사업자와 유사한 업종의 가맹점을 설치하는 행위의 금지
> 7. 가맹점사업자와의 대화와 협상을 통한 분쟁해결 노력

　　제5조 각 호의 규정 중에서는 제6호가 가장 중요한 의미를 내포한 규정이라고 보아야 할 것이다. 이른바 '갑의 횡포'라고 말할 수 있는 행위 중 많은 사례는 여기에 해당한다. 따라서 가맹점사업을 경영하고자 하는 사람으로서는 가맹계약서를 작성할 때 이 규정과 관련한 내용은 다툼의 여지가 없도록 꼼꼼히 검토할 필요가 있다. "영업지역의 범위" 및 "유사한 업종"과 관련한 내용만큼은 여러 가지로 해석하는 것이 허용되지 않도록 명확히 기재하여야 함을 강조해둔다. 이는 표준계약서를 작성하는 가맹본부의 입장에서도 마찬가지일 것이다.

　　'가맹계약서'란 가맹사업의 구체적 내용과 조건 등에 있어 가맹본부 또는 가맹사업자의 권리와 의무에 관한 사항(특수한 거래조건이나 유의사항이 있는 경우에는 이를 포함한다)을 기재한 문서를 말한다(법 제2조 제9호). 가맹사업법은 표준계약서를 사용하도록 하고 있다. 이와 관련한 내용은 뒤에서 소개하기로 한다.

나. 가맹점사업자의 준수사항

제6조(가맹점사업자의 준수사항) 가맹점사업자는 다음 각 호의 사항을 준수한다.

1. 가맹사업의 통일성 및 가맹본부의 명성을 유지하기 위한 노력
2. 가맹본부의 공급계획과 소비자의 수요충족에 필요한 적정한 재고유지 및 상품 진열
3. 가맹본부가 상품 또는 용역에 대하여 제시하는 적절한 품질기준의 준수
4. 제3호의 기준에 의한 품질기준의 상품 또는 용역을 구입하지 못하는 경우 가맹본부가 제공하는 상품 또는 용역의 사용
5. 가맹본부가 사업장의 설비와 외관, 운송수단에 대하여 제시하는 적절한 기준의 준수
6. 취급하는 상품·용역이나 영업활동을 변경하는 경우 가맹본부와의 사전 협의
7. 상품 및 용역의 구입과 판매에 관한 회계장부 등 가맹본부의 통일적 사업경영 및 판매전략의 수립에 필요한 자료의 유지와 제공

8. 가맹점사업자의 업무현황 및 제7호의 규정에 의한 자료의 확인과 기록을 위한 가맹본부의 임직원 그 밖의 대리인의 사업장 출입 허용
9. 가맹본부의 동의를 얻지 아니한 경우 사업장의 위치변경 또는 가맹점운영권의 양도 금지
10. 가맹계약기간중 가맹본부와 동일한 업종을 영위하는 행위의 금지
11. 가맹본부의 영업기술이나 영업비밀의 누설 금지
12. 영업표지에 대한 제3자의 침해사실을 인지하는 경우 가맹본부에 대한 영업표지 침해사실의 통보와 금지조치에 필요한 적절한 협력

　가맹점사업자의 입장에서 보면 제6조 제2호의 규정 중 "적정한 재고유지"라는 부분에 주의하여야 할 것이다. 간혹 문제가 되는 경우이다. 그 행태를 살펴보면 가맹본부가 가맹점사업자에게 필요 이상의 상품을 강매(强賣)하는 경우가 종종 발생하고 있다. 따라서 해당 가맹계약서에는 "적정"의 의미에 관하여 다툼이 없을 정도로 명확히 규정할 필요가 있다.
　제6조 제9호에서는 가맹점사업자가 사업장의 위치변경이나 가맹점운영권의 양도를 함에 있어 가맹본부의 동의를 얻어야 하는 근거를 마련하고 있는데, 가맹본부가 정당한 이유 없이 이에 대

한 동의를 거절하는 경우도 문제될 수 있다. 이 역시 가맹계약서를 작성함에 있어 주의를 필요로 한다.

4. 정보공개서

가. 정보공개서의 정의

제2조(정의) 이 법에서 사용하는 용어의 정의는 다음과 같다.
10. "정보공개서"란 다음 각 목에 관하여 대통령령으로 정하는 내용을 수록한 문서를 말한다.
　가. 가맹본부의 일반현황
　나. 가맹본부의 가맹사업 현황(가맹점사업자의 매출에 관한 사항을 포함한다)
　다. 가맹본부와 그 임원(「독점규제 및 공정거래에 관한 법률」 제2조 제5호에 따른 임원을 말한다. 이하 같다) 이 다음의 어느 하나에 해당하는 경우에는 해당 사실
　　1) 이 법, 「독점규제 및 공정거래에 관한 법률」 또는 「약관의 규제에 관한 법률」을 위반한 경우
　　2) 사기·횡령·배임 등 타인의 재산을 영득하거나 편취하는 죄에 관련된 민사소송에서 패소의 확정판결

> 을 받았거나 민사상 화해를 한 경우
> 　3) 사기·횡령·배임 등 타인의 재산을 영득하거나 편취하는 죄를 범하여 형을 선고받은 경우
> 라. 가맹점사업자의 부담
> 마. 영업활동에 관한 조건과 제한
> 바. 가맹사업의 영업 개시에 관한 상세한 절차와 소요기간
> 사. 가맹본부의 경영 및 영업활동 등에 대한 지원과 교육·훈련에 대한 설명

'정보공개서'라고 하는 것은 가맹계약을 체결하고자 하는 사람이 그 계약의 체결 전에 알아야 할 사항을 공개하여야 하는 것을 의미하는데, 대부분의 가맹본부의 정보공개서는 표준계약서와 유사하다.

법 제2조 제10호 다목에서 말하는 "「독점규제 및 공정거래에 관한 법률」 제2조 제5호에 따른 임원"이라고 함은 이사·대표이사·업무집행을 하는 무한책임사원·감사나 이에 준하는 자 또는 지배인 등 본점이나 지점의 영업전반을 총괄적으로 처리할 수 있는 상업사용인을 말한다.

2. 가맹사업(프랜차이즈)

나. 정보공개서의 등록 및 공개

가맹본부는 가맹희망자에게 제공할 '정보공개서'를 공정거래위원회에 등록하여야 한다. 그리고 등록한 정보공개서의 중요한 사항을 변경하려는 경우에는 변경등록을 하여야 한다(법 제6조의2 제1항·제2항).

공정거래위원회는 등록을 신청한 정보공개서나 그 밖의 신청서류에 거짓이 있거나 필요한 내용을 빠뜨린 경우에는 정보공개서의 등록을 거부할 수 있고, 일정한 경우에는 이미 등록된 정보공개서의 등록을 취소할 수도 있다. 등록한 가맹본부는 일정한 조건을 갖춘 경우에는 등록된 내용을 변경할 수 있다.

이 정보공개서는 공정거래위원회 홈페이지에서 공개를 하고 있다. 이를 인터넷으로 열람하는 방법은 다음과 같이 요약할 수 있다. ① 공정거래위원회 홈페이지(www.ftc.go.kr) → ② 정보공개 → ③ 행정정보공개 → ④ 사전정보공개 → ⑤ 가맹사업의 카테고리 중 '가맹본부 정보공개서'를 순차로 검색하면 된다.

다. 정보공개서의 제공의무

가맹본부(가맹지역본부 및 가맹중개인이 가맹점사업자를 모집하는 경우 포함)는 가맹희망자에게 등록 또는 변경등록한 정보공개서를 내용증명우편 등 그 제공시점을 객관적으로 확인할 수 있는 방법으로 제공하여야 한다(법 제7조 제1항). 제공시점을 객관적으로 확인할 수 있는 방법이라고 함은, ① 직접 제공하고 영수증을 받는 방법, ② 내용증명우편으로 발송하는 방법, ③ 정보통신망을 이용하여 정보공개서의 내용을 게시한 다음 그 게시 사실을 알리는 방법 및 ④ 전자우편주소로 정보공개서의 내용이 포함된 전자적 파일을 보내는 방법을 말한다. 위 ③과 ④의 경우에는 문서의 형태로 인쇄나 출력이 가능하도록 하는 조치를 취하여야 한다(시행령 제6조 제1항).

가맹본부가 정보공개서를 제공할 때에는 가맹희망자의 장래 점포 예정지에서 가장 인접한 가맹점 10개(가맹희망자의 장래 점포 예정지가 속한 광역지방자치단체에서 영업 중인 가맹점의 수가 10개 미만인 경우에는 해당 광역지자체 내의 가맹점 전체)의 상호, 소재지 및 전화번호가 적힌 '인근 가맹점 현황문서'를 함께 제공하여야 한다(법 제7조 제2항).

라. 가맹계약 체결 및 가맹금 수령의 제한

가맹본부는 등록된 정보공개서 및 인근가맹점 현황문서(이하 "정보공개서등"이라 한다)를 제공하지 않았거나 정보공개서등을 제공한 날부터 14일(가맹희망자가 정보공개서에 대하여 변호사나 가맹거래사의 자문을 받은 경우에는 7일)이 지나지 아니한 경우에는 가맹희망자로부터 가맹금을 수령하는 행위 및 가맹희망자와 가맹계약을 체결하는 행위를 하지 못한다(법 제7조 제3항). 이 규정은 가맹희망자의 경솔한 계약체결을 예방하고자 하는 목적으로 만들어진 규정이다.

6. 가맹금

가. 가맹금의 범위

제2조(정의) 이 법에서 사용하는 용어의 정의는 다음과 같다.
6. "가맹금"이란 명칭이나 지급형태가 어떻든 간에 다음 각 목의 어느 하나에 해당하는 대가를 말한다. 다만, 가맹본부에 귀속되지 아니하는 것으로서 대통령령으로 정하는 대가를 제외한다.
   가. 가입비·입회비·가맹비·교육비 또는 계약금 등 가맹사업자가 영업표지의 사용허락 등 가맹점운영권이나 영업활동에 대한 지원·교육 등을 받기 위하여 가맹본부에 지급하는 대가
   나. 가맹점사업자가 가맹본부로부터 공급받는 상품의 대금 등에 관한 채무액이나 손해배상액의 지급을 담보

자영업자가 꼭 알아야 할 법률지식 및 사업자금 조달방법

　　　　하기 위하여 가맹본부에 지급하는 대가
　　다. 가맹점사업자가 가맹점운영권을 부여받을 당시에 가맹사업을 착수하기 위하여 가맹본부로부터 공급받는 정착물·설비·상품의 가격 또는 부동산의 임차료 명목으로 가맹본부에 지급하는 대가
　　라. 가맹점사업자가 가맹본부와의 계약에 의하여 허락받은 영업표지의 사용과 영업활동 등에 관한 지원·교육, 그 밖의 사항에 대하여 가맹본부에 정기적으로 또는 비정기적으로 지급하는 대가로서 대통령령으로 정하는 것
　　마. 그 밖에 가맹희망자나 가맹점사업자가 가맹점운영권을 취득하거나 유지하기 위하여 가맹본부에 지급하는 모든 대가

　　법 제2조 제6호 단서에서 "대통령령으로 정하는 대가"라고 함은 가맹점사업자가 신용카드사에 제공하는 수수료, 가맹점사업자가 상품권발행회사에 지급하는 수수료나 할인금, 가맹점사업자가 지급수단 발행회사나 지급결제 대행회사에 지급하는 수수료나 할인금, 가맹점사업자가 가맹본부에 지급하는 적정한 도매가격 및 소비자가 제3의 기관에 지급하는 것을 가맹본부가 대행하는 것을 말한다(시행령 제3조 제1항).

2. 가맹사업(프랜차이즈)

　법 제2조 제6호 라목에서 말하는 "대통령령으로 정하는 것"이란 가맹점사업자가 상표 사용료, 리스료, 광고 분담금, 지도훈련비, 간판료·임차료·영업지역 보장금 등의 명목으로 정액 또는 매출액·영업이익 등의 일정비율로 가맹본부에 정기적으로 또는 비정기적으로 지급하는 대가와 가맹점사업자가 가맹본부로부터 공급받는 상품·원재료·부재료·정착물·설비 및 원자재의 가격 또는 부동산의 임차료에 대하여 가맹본부에 정기적으로 또는 비정기적으로 지급하는 대가 중 적정한 도매가격을 넘는 대가를 말한다. 다만, 가맹본부가 취득한 자신의 상품등에 관한 「특허법」상 권리의 대가는 제외한다(시행령 제3조 제2항).

나. 가맹금의 예치

　가맹본부는 가맹점사업자(가맹희망자 포함)로 하여금 예치가맹금을 예치기관에 예치하도록 하여야 한다. 다만, 가맹본부가 가맹점사업자피해보상보험계약을 체결한 경우에는 그러하지 않다(법 제6조의5 제1항). 즉 가맹본부가 가맹점사업자피해보상보험에 가입하지 아니한 경우에는 가맹희망자나 가맹점사업자로부터 가맹금을 직접 받을 수 없다. 여기에서 말하는 '예치기관'은 금융회사, 체신관서, 보험회사 및 신탁업자를 말한다(시행령 제5조의6).

　가맹본부는 원칙적으로 가맹점사업자가 영업을 개시한 경우

자영업자가 꼭 알아야 할 법률지식 및 사업자금 조달방법

또는 가맹계약 체결일로부터 2개월이 경과한 후가 아니면 예치기관에 대하여 위 예치금의 지급을 요청할 수 없다(제6조의5 제3항). 위 규정들은 모두 가맹점사업자를 보호하기 위한 것들이다.

다. 가맹금의 반환

제10조(가맹금의 반환) ① 가맹본부는 다음 각 호의 어느 하나에 해당하는 경우에는 가맹희망자나 가맹점사업자가 대통령령으로 정하는 사항이 적힌 서면으로 요구하는 날부터 1개월 이내에 가맹금을 반환하여야 한다.
  1. 가맹본부가 제7조 제3항을 위반한 경우로서 가맹희망자 또는 가맹점사업자가 가맹계약 체결 전 또는 가맹계약의 체결일부터 4개월 이내에 가맹금의 반환을 요구하는 경우
  2. 가맹본부가 제9조 제1항을 위반한 경우로서 가맹희망자가 가맹계약 체결 전에 가맹금의 반환을 요구하는 경우
  3. 가맹본부가 제9조 제1항을 위반한 경우로서 허위 또는 과장된 정보나 중요 사항의 누락된 내용이 계약 체결에 중대한 영향을 준 것으로 인정되어 가맹점사업자가 가맹계약의 체결일부터 4개월 이내에 가맹금의 반환을 요구하는 경우

4. 가맹본부가 정당한 사유 없이 가맹사업을 일방적으로 중단하고 가맹점사업자가 대통령령으로 정하는 가맹사업의 중단일부터 4개월 이내에 가맹금의 반환을 요구하는 경우

② 제1항의 규정에 의하여 반환하는 가맹금의 금액을 정함에 있어서는 가맹계약의 체결경위, 금전이나 그 밖에 지급된 대가의 성격, 가맹계약기간, 계약이행기간, 가맹사업 당사자의 귀책정도 등을 고려하여야 한다.

시행령 제10조(가맹금 반환의 요구) 법 제10조 제1항에 따라 가맹금의 반환을 요구하고자 하는 가맹점사업자 또는 가맹희망자는 다음 각 호의 사항이 기재된 서면으로 요구하여야 한다.

1. 가맹금의 반환을 요구하는 가맹점사업자 또는 가맹희망자의 주소·성명
2. 가맹본부가 허위 또는 과장된 정보를 제공하거나 중요사항을 누락한 사실
3. 가맹본부가 허위 또는 과장된 정보를 제공하거나 중요사항을 누락하여 계약체결에 중대한 영향을 준 것으로 인정되는 사실
4. 가맹본부가 정당한 이유 없이 가맹사업을 일방적으로 중단한 사실과 그 일자
5. 반환대상이 되는 가맹금의 금액
6. 가맹본부가 정보공개서를 제공하지 아니한 사실 또는 정보공개서를 제공한 날부터 14일(가맹희망자가 정보공개서

자영업자가 꼭 알아야 할 법률지식 및 사업자금 조달방법

> 에 대하여 변호사 또는 법 제27조에 따른 가맹거래사의 자문을 받은 경우에는 7일)이 지나지 아니한 상태에서 가맹희망자로부터 가맹금을 수령하거나 가맹희망자와 가맹계약을 체결한 사실과 그 날짜

　법 제10조 제1항 제1호에서 말하는 "가맹본부가 제7조 제3항을 위반한 경우"란 가맹본부가 등록된 정보공개서 및 인근가맹점 현황문서(이하 "정보공개서등"이라 한다)를 제공하지 않았거나 정보공개서등을 제공한 날부터 14일(가맹희망자가 정보공개서에 대하여 변호사 또는 가맹거래사의 자문을 받은 경우에는 7일)이 지나지 않았음에도 불구하고 가맹희망자로부터 가맹금을 수령하거나 가맹희망자와 가맹계약을 체결하는 경우를 말한다.

　법 제10조 제1항 제2호에서 말하는 "가맹본부가 제9조 제1항을 위반한 경우"란 가맹본부가 가맹희망자나 가맹점사업자에게 정보를 제공함에 있어 사실과 다르거나 사실을 부풀려 제공하는 경우 및 계약의 체결·유지에 중요한 영향을 미치는 사실을 은폐 또는 축소하는 방법으로 정보를 제공하는 경우를 말한다.

　법 제10조 제1항 제4호에서 "대통령령으로 정하는 가맹사업의 중단일"이라 함은 가맹본부가 가맹점사업자에게 가맹사업의 중단일을 통지하는 경우에는 그 통지가 가맹점사업자에게 도달한 날을 말하고, 가맹본부가 가맹점사업자에게 미리 통지함이 없이

2. 가맹사업(프랜차이즈)

가맹사업을 영위하는데 중대한 영향을 미치는 부동산·용역·설비·상품 등의 거래를 10일 이상 중단함에 따라 가맹점사업자가 서면으로 거래재개일을 정하여 거래재개를 요청하였음에도 불구하고 가맹본부가 이에 응하지 아니한 경우에는 위 서면으로 정한 거래재개일을 말한다(시행령 제11조).

7. 가맹계약서

가맹본부는 가맹희망자가 가맹계약의 내용을 미리 이해할 수 있도록 법 제11조 제2항 각 호의 사항이 적힌 문서를 가맹계약의 체결일 또는 가맹금의 최초 수령일(가맹희망자가 예치기관에 예치가맹금을 예치하는 경우에는 최초로 예치한 날로 한다. 다만, 가맹희망자가 최초로 가맹금을 예치하기로 가맹본부와 합의한 날이 있는 경우에는 그 날로 한다) 중 빠른 날 전에 가맹희망자에게 제공하여야 한다(법 제11조 제1항). 법 제11조 제2항에서 규정하는 각 호의 내용은 모두 정보공개서에 포함된 내용이므로, 해당 가맹본부의 정보공개서를 참고하면 된다.

가맹본부는 가맹계약서를 가맹사업의 거래가 종료된 날부터 3년간 보관하여야 한다(법 제11조 제3항).

자영업자가 꼭 알아야 할 법률지식 및 사업자금 조달방법

8. 부당한 행위의 금지

가. 부당한 행위의 해석 기준

　가맹본부의 부당한 행위(불공정거래행위, 점포환경개선의 강요, 영업시간구속 및 영업지역 침해)에 해당하는지 여부를 판단함에 있어서는 우선적으로는 '가맹계약서'를 검토하여야 한다. 따라서 가맹계약서를 작성하기 전에 충분한 검토가 필요하다.
　그 다음으로는 가맹계약서에 없는 사항, 가맹계약서에 의해서는 해석이 불가능하거나 매우 곤란한 사항의 경우에는 가맹사업법에서 관련 규정을 검토해야 한다. 마지막으로 가맹사업법에 의해서도 해석을 할 수 없거나 그 해석이 곤란한 경우에는 「독점규제 및 공정거래에 관한 법률」의 규정에 따라 해석하여야 한다.

나. 불공정거래행위

제12조(불공정거래행위의 금지) ① 가맹본부는 다음 각 호의 1에 해당하는 행위로서 가맹사업의 공정한 거래를 저해할 우려가 있는 행위를 하거나 다른 사업자로 하여금 이를 행하도록 하여

2. 가맹사업(프랜차이즈)

서는 아니 된다.
1. 가맹점사업자에 대하여 상품이나 용역의 공급 또는 영업의 지원 등을 부당하게 중단 또는 거절하거나 그 내용을 현저히 제한하는 행위
2. 가맹점사업자가 취급하는 상품 또는 용역의 가격, 거래상대방, 거래지역이나 가맹점사업자의 사업활동을 부당하게 구속하거나 제한하는 행위
3. 거래상의 지위를 이용하여 부당하게 가맹점사업자에게 불이익을 주는 행위
4. 삭제
5. 계약의 목적과 내용, 발생할 손해 등 대통령령으로 정하는 기준에 비하여 과중한 위약금을 부과하는 등 가맹점사업자에게 부당하게 손해배상의무를 부담시키는 행위
6. 제1호부터 제3호까지 및 제5호 외의 행위로서 부당하게 경쟁가맹본부의 가맹점사업자를 자기와 거래하도록 유인하는 행위 등 가맹사업의 공정한 거래를 저해할 우려가 있는 행위

② 제1항 각 호의 규정에 의한 행위의 유형 또는 기준은 대통령령으로 정한다.

법 제12조 제1항 제5호에서 말하는 "계약의 목적과 내용, 발

자영업자가 꼭 알아야 할 법률지식 및 사업자금 조달방법

생할 손해 등 대통령령으로 정하는 기준"이란 "계약의 목적과 내용, 발생할 손해액의 크기, 당사자 간 귀책사유 유무 및 정도, 해당 업종의 정상적인 거래관행"을 말한다(시행령 제12조의2).

법 제12조 제2항에서 대통령령으로 정한다고 말한 "행위의 유형 또는 기준"은 시행령 제13조 제1항 및 별표 2에서 규정하였다. 그 내용은 다음과 같다.

불공정거래행위의 유형 또는 기준

1. 거래질서

법 제12조 제1항 제1호에 해당하는 행위의 유형 및 기준은 다음 각 목의 어느 하나와 같다. 다만, 가맹점사업자의 계약위반 등 가맹점사업자의 귀책사유로 가맹사업의 거래관계를 지속하기 어려운 사정이 발생하는 경우에는 그러하지 아니하다.

가. 영업지원 등의 거절

정당한 이유 없이 거래기간 중에 가맹사업을 영위하는데 필요한 부동산·용역·설비·상품·원재료 또는 부재료의 공급과 이와 관련된 영업지원, 정보공개서 또는 가맹계약서에서 제공하기로 되어 있는 경영 및 영업활동에 관한 지원 등을 중단 또는 거절하거나 그 지원하

는 물량 또는 내용을 현저히 제한하는 행위
나. 부당한 계약갱신 거절
　　　부당하게 가맹점사업자의 계약갱신을 거절하는 행위
다. 부당한 계약해지
　　　부당하게 계약기간 중에 가맹점사업자와의 계약을 해지하는 행위

2. 구속조건부 거래
법 제12조 제1항 제2호에 해당하는 행위의 유형 및 기준은 다음 각 목의 어느 하나와 같다.
가. 가격의 구속
　　　정당한 이유 없이 가맹점사업자가 판매하는 상품 또는 용역의 가격을 정하여 그 가격을 유지하도록 하거나 가맹점사업자가 상품 또는 용역의 가격을 결정하는 행위를 부당하게 구속하는 행위. 다만, 다음의 어느 하나에 해당하는 행위는 제외한다.
　　(1) 판매가격을 정하여 가맹점사업자에게 이를 따르도록 권장하는 행위
　　(2) 가맹점사업자에게 판매가격을 결정하거나 변경하는 경우 그 내용에 관하여 사전에 협의하도록 하는 행위. 다만, 사전협의를 통해 판매가격을 강요하는 행위는 가격을 구속하는 행위로 본다.

나. 거래상대방의 구속

부동산·용역·설비·상품·원재료 또는 부재료의 구입·판매 또는 임대차 등과 관련하여 부당하게 가맹점사업자에게 특정한 거래상대방(가맹본부를 포함한다)과 거래할 것을 강제하는 행위. 다만, 다음의 요건을 모두 충족하는 경우에는 그러하지 아니하다.

(1) 부동산·용역·설비·상품·원재료 또는 부재료가 가맹사업을 경영하는 데에 필수적이라고 객관적으로 인정될 것

(2) 특정한 거래상대방과 거래하지 아니하는 경우에는 가맹본부의 상표권을 보호하고 상품 또는 용역의 동일성을 유지하기 어렵다는 사실이 객관적으로 인정될 것

(3) 가맹본부가 미리 정보공개서를 통하여 가맹점사업자에게 해당 사실을 알리고 가맹점사업자와 계약을 체결할 것

다. 가맹점사업자의 상품 또는 용역의 판매제한

가맹점사업자에게 부당하게 지정된 상품 또는 용역만을 판매하도록 하거나 거래상대방에 따라 상품 또는 용역의 판매를 제한하는 행위. 다만, 다음의 요건을 모두 충족하는 경우에는 그러하지 아니하다.

(1) 가맹점사업자의 상품 또는 용역의 판매를 제한하지

2. 가맹사업(프랜차이즈)

아니하는 경우에는 가맹본부의 상품권을 보호하고 상품 또는 용역의 동일성을 유지하기 어렵다는 사실이 객관적으로 인정될 것
(2) 가맹본부가 미리 정보공개서를 통하여 가맹점사업자에게 해당 사실을 알리고 가맹점사업자와 계약을 체결할 것

라. 영업지역의 준수강제

부당하게 가맹점사업자에게 영업지역을 준수하도록 조건을 붙이거나 이를 강제하는 행위. 다만, 다음 각 호의 어느 하나에 해당하는 행위는 그러하지 아니하다.
(1) 가맹본부가 가맹점사업자의 영업거점지역을 정하는 행위
(2) 가맹점사업자가 자기의 영업지역에서의 판매 책임을 다한 경우에 영업지역 외의 다른 지역에서 판매할 수 있도록 하는 행위
(3) 가맹점사업자가 자기의 영업지역 외의 다른 지역에서 판매하고자 하는 경우 그 지역의 가맹점사업자에게 광고선전비 등 판촉비용에 상당하는 일정한 보상금을 지불하도록 하는 행위

마. 그 밖에 가맹점사업자의 영업활동의 제한

가목 내지 라목에 준하는 경우로서 부당하게 가맹점사업자의 영업활동을 제한하는 행위. 다만, 다음의 요건을

모두 충족하는 경우에는 그러하지 아니하다.
(1) 가맹점사업자의 영업활동을 제한하지 아니하는 경우에는 가맹본부의 상품권을 보호하고 상품 또는 용역의 동일성을 유지하기 어렵다는 사실이 객관적으로 인정될 것
(2) 가맹본부가 미리 정보공개서를 통하여 가맹점사업자에게 해당 사실을 알리고 가맹점사업자와 계약을 체결할 것

3. 거래상 지위의 남용

법 제12조 제1항 제3호에 해당하는 행위의 유형 및 기준은 다음 각 목의 어느 하나와 같다. 다만, 다음 각 목의 어느 하나에 해당하는 행위를 허용하지 아니하는 경우 가맹본부의 상품권을 보호하고 상품 또는 용역의 동일성을 유지하기 어렵다는 사실이 객관적으로 인정되는 경우로서 해당 사실에 관하여 가맹본부가 미리 정보공개서를 통하여 가맹점사업자에게 알리고 가맹점사업자와 계약을 체결하는 경우에는 그러하지 아니하다.

가. 구입강제 : 가맹점사업자에게 가맹사업의 경영과 무관하거나 그 경영에 필요한 양을 넘는 시설·설비·상품·용역·원재료 또는 부재료 등을 구입 또는 임차하도록 강제하는 행위

2. 가맹사업(프랜차이즈)

나. 부당한 강요 : 부당하게 경제적 이익을 제공하도록 강요하거나 가맹점사업자에게 비용을 부담하도록 강요하는 행위

다. 부당한 계약조항의 설정 또는 변경 : 가맹점사업자가 이행하기 곤란하거나 가맹점사업자에게 불리한 계약조항을 설정 또는 변경하거나 계약갱신과정에서 종전의 거래조건 또는 다른 가맹사업자의 거래조건보다 뚜렷하게 불리한 조건으로 계약조건을 설정 또는 변경하는 행위

라. 경영의 간섭 : 정당한 이유 없이 특정인과 가맹점을 같이 운영하도록 강요하는 행위

마. 판매목표 강제 : 부당하게 판매목표를 설정하고 가맹점사업자로 하여금 이를 달성하도록 강제하는 행위

바. 불이익제공 : 가목부터 마목까지의 행위에 준하는 경우로서 가맹점사업자에게 부당하게 불이익을 주는 행위

4. 부당한 손해배상의무 부과행위

법 제12조 제1항 제5호에 해당하는 행위의 유형 및 기준은 다음 각 목의 어느 하나와 같다.

가. 과중한 위약금 설정ㆍ부과행위

(1) 계약 중도해지 시 과중한 위약금 설정ㆍ부과행위
계약해지의 경위 및 거래당사자 간 귀책사유 정도,

잔여계약기간의 정도, 중도해지 후 가맹본부가 후속 가맹점사업자와 계약을 체결하기 위하여 통상 소요될 것으로 예상되는 기간에 상당하는 손해액 등에 비추어 부당하게 과중한 위약금을 설정하여 계약을 체결하거나 이를 부과하는 행위

(2) 과중한 지연손해금 설정·부과행위

상품 또는 용역에 대한 대금지급의 지연 시 지연경위, 정상적인 거래관행 등에 비추어 과중한 지연손해금을 설정하여 계약을 체결하거나 이를 부과하는 행위

나. 소비자 피해에 대한 손해배상의무 전가행위

가맹본부가 가맹점사업자에게 공급한 물품의 원시적 하자 등으로 인하여 소비자 피해가 발생한 경우까지도 부당하게 가맹점사업자가 손해배상의무를 모두 부담하도록 계약을 체결하는 행위

다. 그 밖의 부당한 손해배상의무 부과행위

가목 또는 나목에 준하는 경우로서 가맹점사업자에게 부당하게 손해배상의무를 부담하게 하거나 가맹본부가 부담해야 할 손해배상의무를 가맹점사업자에게 전가하는 행위

5. 그 밖의 불공정거래행위

2. 가맹사업(프랜차이즈)

> 법 제12조 제1항 제6호에 해당하는 행위란 가맹본부가 다른 경쟁가맹본부의 가맹점사업자를 자기와 거래하도록 하여 자기의 가맹점사업자의 영업에 불이익을 주거나 다른 경쟁가맹본부의 가맹사업에 불이익을 주는 행위를 말한다.

다. 점포환경개선 강요

> 제12조의2(부당한 점포환경개선 강요 금지 등) ① 가맹본부는 대통령령으로 정하는 정당한 사유 없이 점포환경개선을 강요하여서는 아니 된다.
> ② 가맹본부는 가맹점사업자의 점포환경개선에 소요되는 비용으로서 대통령령으로 정하는 비용의 100분의 40 이내의 범위에서 대통령령으로 정하는 비율에 해당하는 금액을 부담하여야 한다. 다만, 다음 각 호의 어느 하나에 해당하는 경우에는 그러하지 아니하다.
>   1. 가맹본부의 권유 또는 요구가 없음에도 가맹점사업자의 자발적 의사에 의하여 점포환경개선을 실시하는 경우
>   2. 가맹점사업자의 귀책사유로 인하여 위생·안전 및 이와 유사한 문제가 발생하여 불가피하게 점포환경개선을 하는 경우

> ③ 제2항에 따라 가맹본부가 부담할 비용의 산정, 청구 및 지급절차, 그 밖에 필요한 사항은 대통령령으로 정한다.

'점포환경개선'이란 가맹점 점포의 기존 시설, 장비, 인테리어 등을 새로운 디자인이나 품질의 것으로 교체하거나 신규로 설치하는 것을 말한다. 이 경우 점포의 확장 또는 이전을 수반하거나 수반하지 아니한 경우 모두를 포함한다(법 제2조 제11호).

법 제12조의2 제1항에서 말하는 "대통령령으로 정하는 정당한 사유"라고 함은 점포의 시설, 장비, 인테리어 등의 노후화가 객관적으로 인정되는 경우 또는 위생 또는 안전의 결함이나 이에 준하는 사유로 인하여 가맹사업의 통일성을 유지하기 어렵거나 정상적인 영업에 현저한 지장을 주는 경우를 말한다(시행령 제13조의2 제1항).

법 제12조의2 제2항 각 호 외의 부분 본문에서 말하는 "대통령령으로 정하는 비용"이란 간판 교체비용 및 인테리어 공사비용(장비·집기의 교체비용을 제외한 실내건축공사에 소요되는 일체의 비용을 말한다.) 다만, 가맹사업의 통일성과 관계없이 가맹점사업자가 추가공사를 함에 따라 드는 비용은 제외한다(시행령 제13조의2 제2항).

법 제12조의2 제2항 각 호 외의 부분 본문에서 말하는 "대통령령으로 정하는 비율"이라 함은 점포의 확장 또는 이전을 수반하지 아니하는 점포환경개선의 경우에는 100분의 20을, 점포의 확장 또는 이전을 수반하는 점포환경개선의 경우에는 100분의 40을 각각 말한다(시행령 제13조의2 제3항).

법 제12조의2 제2항에서 대통령령으로 정한다고 하는 내용은 시행령 제13조의2 제4항·제5항·제6항에서 규정하였다. 그 요지는 다음과 같다. 가맹점사업자가 가맹본부 부담액의 지급을 청구할 때에는 공사계약서 등 공사비용을 증명할 수 있는 서류를 제출하여야 하고, 당사자 사이에 별도의 합의가 없으면 가맹본부는 이 지급청구를 받은 날부터 90일 이내에 가맹본부 부담액을 지급하여야 한다. 그리고 가맹본부는 점포환경개선이 끝난 날부터 3년 이내에 가맹본부의 책임 없는 사유로 계약이 종료(계약의 해지 또는 영업양도를 포함한다)되는 경우에는 가맹본부 부담액 중 나머지 기간에 비례하는 부담액은 지급하지 아니할 수 있고, 이미 지급한 경우에는 환수할 수 있다.

라. 영업시간구속

제12조의3(부당한 영업시간 구속 금지) ② 다음 각 호의 어느 하나에 해당하는 가맹본부의 행위는 부당한 영업시간 구속으로 본다.
 1. 가맹점사업자의 점포가 위치한 상권의 특성 등의 사유로 대통령령으로 정하는 심야영업시간대의 매출이 그 영업에

> 소요되는 비용에 비하여 저조하여 대통령령으로 정하는 일정한 기간 동안 영업손실이 발생함에 따라 가맹점사업자가 영업시간 단축을 요구함에도 이를 허용하지 아니하는 행위
> 2. 가맹점사업자가 질병의 발병과 치료 등 불가피한 사유로 인하여 필요 최소한의 범위에서 영업시간의 단축을 요구함에도 이를 허용하지 아니하는 행위

　제12조의3 제2항에서 가맹점사업자(가맹본부)가 영업시간을 부당하게 강요하는 경우라고 규정한 내용의 요지는, 가령 도심권을 벗어난 교외의 편의점처럼 심야에는 영업을 하면 할수록 인건비의 지출 등 손해만 보는 경우에도 24시간 영업을 하도록 강요하는 경우를 말한다. 여기에서 "대통령령으로 정하는 심야의 영업시간대"란 오전 1시부터 오전 6시를 말하고, "대통령령으로 정하는 일정한 기간"은 가맹점사업자가 영업시간 단축을 요구한 날이 속한 달의 직전 6개월을 말한다(시행령 제13조의3).

마. 영업지역 침해

> 제12조의4(부당한 영업지역 침해금지) ① 가맹본부는 가맹계약 체결

2. 가맹사업(프랜차이즈)

시 가맹점사업자의 영업지역을 설정하여 가맹계약서에 이를 기재하여야 한다.

② 상권의 급격한 변화 등 대통령령으로 정하는 사유가 발생하는 경우에는 가맹계약 갱신과정에서 가맹본부와 가맹점사업자가 협의를 통하여 기존 영업지역을 합리적으로 변경할 수 있다.

③ 가맹본부는 정당한 사유 없이 가맹계약기간 중 가맹점사업자의 영업지역 안에서 가맹점사업자와 동일한 업종(수요층의 지역적·인적 범위, 취급품목, 영업형태 및 방식 등에 비추어 동일하다고 인식될 수 있을 정도의 업종을 말한다)의 자기 또는 계열회사(「독점규제 및 공정거래에 관한 법률」 제2조 제3호에 따른 계열회사를 말한다)의 직영점이나 가맹점을 설치하는 행위를 하여서는 아니 된다.

법 제12조의4 제2항에서 "상권의 급격한 변화 등 대통령령으로 정하는 사유가 발생하는 경우"란 ㉮ 재건축, 재개발 또는 신도시 건설 등으로 인하여 상권의 급격한 변화가 발생하는 경우, ㉯ 해당 상권의 거주인구 또는 유동인구가 현저히 변동되는 경우, ㉰ 소비자의 기호변화 등으로 인하여 해당 상품·용역에 대한 수요가 현저히 변동되는 경우 및 ㉱ 앞의 경우에 준하는 경우로서 기존 영업지역을 그대로 유지하는 것이 현저히 불합리하다고 인정되는 경우 중 어느 하나에 해당하는 경우를 말한다(시행령 제13조의4).

법 제12조의4 제3항에서 "독점규제 및 공정거래에 관한 법률」 제2조 제3호에 따른 계열회사"라고 규정하고 있는 계열회사란 2 이상의 회사가 동일한 기업집단에 속하는 경우에 이들 회사는 서로 상대방의 계열회사로 보는 경우를 의미한다.

9. 가맹계약의 갱신

제13조(가맹계약의 갱신 등) ① 가맹본부는 가맹점사업자가 가맹계약기간 만료 전 180일부터 90일까지 사이에 가맹계약의 갱신을 요구하는 경우 정당한 사유 없이 이를 거절하지 못한다. 다만, 다음 각 호의 어느 하나에 해당하는 경우에는 그러하지 아니하다.
  1. 가맹점사업자가 가맹계약상의 가맹금 등의 지급의무를 지키지 아니한 경우
  2. 다른 가맹점사업자에게 통상적으로 적용되는 계약조건이나 영업방침을 가맹점사업자가 수락하지 아니한 경우
  3. 가맹사업의 유지를 위하여 필요하다고 인정되는 것으로서

2. 가맹사업(프랜차이즈)

다음 각 목의 어느 하나에 해당하는 가맹본부의 중요한 영업방침을 가맹점사업자가 지키지 아니한 경우
가. 가맹점의 운영에 필요한 점포·설비의 확보나 법령상 필요한 자격·면허·허가의 취득에 관한 사항
나. 판매하는 상품이나 용역의 품질을 유지하기 위하여 필요한 제조공법 또는 서비스기법의 준수에 관한 사항
다. 그 밖에 가맹점사업자가 가맹사업을 정상적으로 유지하기 위하여 필요하다고 인정되는 것으로서 대통령령으로 정하는 사항

② 가맹점사업자의 계약갱신요구권은 최초 가맹계약기간을 포함한 전체 가맹계약기간이 10년을 초과하지 아니하는 범위 내에서만 행사할 수 있다.

③ 가맹본부가 제1항에 따른 갱신요구를 거절하는 경우에는 그 요구를 받은 날부터 15일 이내에 가맹점사업자에게 거절 사유를 적어 서면으로 통지하여야 한다.

④ 가맹본부가 제3항의 거절 통지를 하지 아니하거나 가맹계약기간 만료 전 180일부터 90일까지 사이에 가맹점사업자에게 조건의 변경에 대한 통지나 가맹계약을 갱신하지 아니한다는 사실의 통지를 서면으로 하지 아니하는 경우에는 계약 만료 전의 가맹계약과 같은 조건으로 다시 가맹계약을 체결한 것으로 본다. 다만, 가맹점사업자가 계약이 만료되는 날부터 60일

> 전까지 이의를 제기하거나 가맹본부나 가맹점사업자에게 천재지변이나 그 밖에 대통령령으로 정하는 부득이한 사유가 있는 경우에는 그러하지 아니하다.

법 제13조 제1항 제3호 다목에서 "대통령령으로 정하는 사항"이란 ㉮ 가맹본부의 가맹사업 경영에 필수적인 지식재산권의 보호에 관한 사항 및 ㉯ 가맹본부가 가맹점사업자에게 정기적으로 실시하는 교육·훈련의 준수에 관한 사항(다만, 가맹점사업자가 부담하는 교육·훈련비용이 같은 업종의 다른 가맹본부가 통상적으로 요구하는 비용보다 뚜렷하게 높은 경우는 제외한다) 중 어느 하나에 해당하는 경우를 말한다(시행령 제14조 제1항).

법 제13조 제2항 단서에서 "대통령령으로 정하는 부득이한 사유"란 ㉮ 가맹본부나 가맹점사업자에게 파산신청이 있거나 강제집행절차 또는 회생절차가 개시된 경우, ㉯ 가맹본부나 가맹점사업자가 발행한 어음·수표가 부도 등으로 지급거절된 경우 및 ㉰ 가맹점사업자의 중대한 일신상의 사유 등이 발생하여 더 이상 가맹사업을 경영할 수 없게 된 경우 중 어느 하나에 해당하는 경우를 말한다(시행령 제14조 제2항).

10. 가맹계약의 해지 제한

제14조(가맹계약 해지의 제한) ① 가맹본부는 가맹계약을 해지하려는 경우에는 가맹점사업자에게 2개월 이상의 유예기간을 두고 계약의 위반 사실을 구체적으로 밝히고 이를 시정하지 아니하면 그 계약을 해지한다는 사실을 서면으로 2회 이상 통지하여야 한다. 다만, 가맹사업의 거래를 지속하기 어려운 경우로서 대통령령이 정하는 경우에는 그러하지 아니하다.
② 제1항의 규정에 의한 절차를 거치지 아니한 가맹계약의 해지는 그 효력이 없다.

시행령 제15조(가맹계약의 해지사유) 법 제14조 제1항 단서에서 "대통령령이 정하는 경우"란 다음 각 호의 어느 하나에 해당하는 경우를 말한다.

1. 가맹점사업자에게 파산신청이 있거나 강제집행절차 또는 회생절차가 개시된 경우
2. 가맹점사업자가 발행한 어음·수표가 부도 등으로 지불정지된 경우
3. 천재지변, 중대한 일신상의 사유 등으로 가맹점사업자가 더 이상 가맹사업을 경영할 수 없게 된 경우

4. 다음 각 목의 어느 하나에 해당하여 가맹사업에 중대한 장애를 초래한 경우
   가. 가맹점사업자가 공연히 허위사실을 유포함으로써 가맹본부의 명성이나 신용을 뚜렷이 훼손한 경우
   나. 가맹점사업자가 가맹점 운영과 관련되는 법령을 위반하여 다음의 어느 하나에 해당하는 행정처분을 받음으로써 가맹본부의 명성이나 신용을 뚜렷하게 훼손한 경우
      1) 그 위법사실을 시정하라는 내용의 행정처분
      2) 그 위법사실을 처분사유로 하는 과징금·과태료 등 부과처분
      3) 그 위법사실을 처분사유로 하는 영업정지 명령
   다. 가맹사업자가 가맹본부의 영업비밀 또는 중요정보를 유출한 경우
5. 가맹점사업자가 가맹점 운영과 관련되는 법령을 위반하여 이를 시정하라는 내용의 행정처분(과징금·과태료 등의 부과처분을 포함한다)을 통보받고도 행정청이 정한 시정기한(시정기한을 정하지 아니한 경우에는 통보받은 날부터 10일) 내에 시정하지 않는 경우
6. 가맹점사업자가 가맹점 운영과 관련되는 법령을 위반하여 자격·면허·허가 취소 또는 영업정지 명령(15일 이내의 영업정지 명령을 받은 경우는 제외한다) 등 그 시정이 불

가능한 성격의 행정처분을 받은 경우. 다만, 법령에 근거하여 행정처분을 갈음하는 과징금 등의 부과 처분을 받은 경우는 제외한다.
7. 가맹점사업자가 법 제14조 제1항 본문에 따른 가맹본부의 시정요구에 따라 위반사항을 시정한 날부터 1년(계약갱신이나 재계약된 경우에는 종전 계약기간에 속한 기간을 합산한다) 이내에 다시 같은 사항을 위반하는 경우. 다만, 가맹본부가 시정을 요구하는 서면에 다시 같은 사항을 1년 이내에 위반하는 경우에는 법 제14조 제1항의 절차를 거치지 아니하고 가맹계약이 해지될 수 있다는 사실을 누락한 경우는 제외한다.
8. 가맹점사업자가 가맹점 운영과 관련된 행위로 형사처벌을 받은 경우
9. 가맹점사업자가 공중의 건강이나 안전에 급박한 위해를 일으킬 염려가 있는 방법이나 형태로 가맹점을 운영하는 경우
10. 가맹점사업자가 정당한 사유 없이 연속하여 7일 이상 영업을 중단한 경우

자영업자가 꼭 알아야 할 법률지식 및 사업자금 조달방법

11. 가맹점사업자피해보상보험계약

> **제15조의2(가맹점사업자피해보상보험계약 등)** ① 가맹본부는 가맹점사업자의 피해를 보상하기 위하여 다음 각 호의 어느 하나에 해당하는 계약(이하 "가맹점사업자피해보상보험계약등"이라 한다)을 체결할 수 있다.
> 1. 「보험업법」에 따른 보험계약
> 2. 가맹점사업자 피해보상금의 지급을 확보하기 위한 「금융위원회의 설치 등에 관한 법률」 제38조에 따른 기관의 채무지급보증계약
> 3. 제15조의3에 따라 설립된 공제조합과의 공제계약

법 제15조의2 제1항 제2호에서 말하는 "「금융위원회의 설치 등에 관한 법률」 제38조에 따른 기관"이란 금융감독원의 검사를 받는 대상기관을 말한다. 여기에 해당하는 기관은 은행, 금융투자업자, 증권금융회사, 종합금융회사, 명의개서대행회사, 보험회사, 상호저축은행과 그 중앙회, 신용협동조합 및 그 중앙회, 여

2. 가맹사업(프랜차이즈)

신전문금융회사, 경영여신업자, 농협은행, 수산업협동조합중앙회의 신용사업부분 등을 말한다.

  가맹본부는 법 제15조의2 제1항 제3호에 따른 공제사업을 영위하기 위하여 공정거래위원회의 인가를 받아 공제조합을 설립할 수 있다(법 제15조의3 제1항). 우리나라는 가맹본부가 미국에 이어 두 번째로 많다고 한다. 그 수가 2천 개에 육박한다고 하는데, 프랜차이즈협회는 있지만 아직 공제조합은 설립되어 있지 않다.

12. 분쟁의 조정

가. 조정신청 절차

  가맹사업에 관한 분쟁을 조정하기 위하여 한국공정거래조정원(이하 "조정원"이라 한다)에 가맹사업거래분쟁조정협의회(이하 "위원회"라 한다)를 둔다(법 제16조). 협의회는 공정거래위원회 또는 분쟁당사자가 요청하는 가맹사업거래의 분쟁에 관한 사항을 조정한다(법 제21조). 구체적인 조정사항은 가맹본부의 정보공개서 미제공행위, 허위·과장된 정보제공행위, 부당한 계약해지, 부당한 계약종료 및 영업지역의 침해 등이다. 다만, 대리점계약·카드가맹점·소비자분쟁은 조정의 대상에서 제외된다.

자영업자가 꼭 알아야 할 법률지식 및 사업자금 조달방법

　분쟁의 조정을 신청할 때에는 "신청인과 피신청인의 성명과 주소(분쟁당사자가 법인인 경우에는 법인의 명칭, 주된 사무소의 소재지, 그 대표자의 성명 및 주소)", "대리인이 있는 경우에는 그 성명 및 주소" 및 "신청의 이유"를 적어야 하고, 첨부문서로는 "분쟁조정신청의 원인 및 사실을 증명하는 서류", "대리인이 신청하는 경우 그 위임장" 및 "그 밖에 분쟁조정에 필요한 증거서류 또는 자료"를 덧붙여야 한다(시행령 제19조). 신청서 1통과 신청서부본 2통도 제출하여야 한다.

　신청서의 양식은 한국공정거래조정원 홈페이지(www.kofair.or.kr)에서 다운로드를 받을 수 있고, 신청서의 제출은 인터넷, 방문 또는 우편으로 할 수 있다. 조정원은 서울 중구 세종대로 39 상공회의소회관 9층에 위치하고 있다.

〔가맹사업거래분쟁조정신청서〕

	가맹사업거래분쟁조정신청서			
신청인	상호		대표자	
	주소		(	-)
	전화번호		휴대전화	
	사업자등록번호		생년월일 (법인등록번호)	

2. 가맹사업(프랜차이즈)

피신청인	상호		대표자	
	주소	(-)		
	전화번호		팩스	
	사업자등록번호		법인등록번호	
신청의 이유		(별지 첨부)		

「가맹사업거래의 공정화에 관한 법률」 제22조 제1항 및 동법 시행령 제19조의 규정에 의하여 위와 같이 분쟁조정을 신청합니다.

붙임 : 1. 분쟁조정신청의 원인 및 사실을 증명하는 서류
        2. 대리인이 신청하는 경우 그 위임장
        3. 신청인의 사업자등록증 등 분쟁조정에 필요한 서류 또는 자료

2015. ○. ○○.

신청인 ○ ○ ○ (인)

가맹사업거래분쟁조정협의회 위원장 귀하

자영업자가 꼭 알아야 할 법률지식 및 사업자금 조달방법

```
(별지)
                    신 청 의 이 유


                    신  청  취  지

          1.
          2.


                    신  청  이  유


          1.
          2.
```

나. 조정조서의 작성 및 효력

이 조정에는 강제력은 없다. 따라서 당사자 중 한쪽이 조정에 불응하는 경우 또는 조정 도중에 법원에 소를 제기한 경우 등에

는 조정은 종료된다. 따라서 당사자 사이에 조정절차를 거쳐 그 결과에 승복하기로 하는 협의가 성립할 수 없는 경우에는 처음부터 법원에 소를 제기하여야 할 것이다.

협의회는 조정사항에 대하여 조정이 성립한 경우에는 조정에 참가한 위원과 분쟁당사자가 기명날인한 조정조서를 작성한다. 이 조서는 조정조서와 동일한 내용의 합의가 성립된 것으로 본다(법 제24조 제1항). 즉 이 조서는 판결과 같은 효력이 있으므로 집행권원(執行權原 : 강제집행을 할 수 있는 근거)이 된다.

13. 벌칙 및 공익신고자 보상금

가맹사업법 제41조는 형벌을, 제42조는 양벌규정을, 제43조는 과태료의 제재를 각각 규정하였다. 위 규정들어 위반하는 행위를 신고한 사람은 「공익신고자 보호법」의 관련 규정에 의하여 피신고자가 부과 받은 벌금 또는 과태료에 해당하는 금액의 20%에 상당하는 보상금을 지급받는다. 신고를 접수·처리하는 기관은 공정거래위원회이다. 이 법을 위반하는 행위 중에서는 허위·과장의 정보제공행위 또는 기만적인 정보제공행위에 대한 형벌이 가장 무겁다.

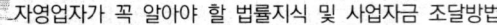
자영업자가 꼭 알아야 할 법률지식 및 사업자금 조달방법

3

상호와 상표

1. 상호(商號)

가. 상호 이해하기

'상호'라 함은 상인이 자기의 영업상 법률관계를 자기에게 획일적으로 귀속시킬 목적으로 사용하는 명칭을 말한다. 자연인은 누구에게나 성명이 있듯이 상인은 누구나 상호를 가질 수 있다.

상호는 일반적으로 상인을 부르는 호칭이지만, 이는 단순한 호칭을 넘어 재산적 가치를 수반하는 것이 일반적이다. 가령 "삼성전자", "대한항공"의 재산적 가치는 얼마나 될까? 상호는 재산적 가치도 있는 명칭이므로, 법률이 이를 규제 내지 보호한다. 자연인의 성명을 함부로 침해하는 경우에는 성명권의 침해가 되듯이 타인의 상호를 침해하면 상호권의 침해가 되어 법률에 의한 제재를 받을 수 있고, 손해도 배상하여야 한다.

상인은 성명 기타의 명칭으로 상호를 정할 수 있다(상법 제18조). 이를 상호선정의 자유라고 한다. 그러나 회사의 상호에는 반드시 합명회사·합자회사·유한책임회사·유한회사·주식회사라는 문자를 상호에 포함시켜야 한다(상법 제19조). 회사가 아니면 상호에 회사임을 표시하는 문자를 사용하지 못한다. 이는 회사의 영업을 양수한 경우에도 마찬가지이다(상법 제20조). 회사

3. 상호와 상표

는 1개의 상호만을 사용하여야 한다. 그러나 개인상인은 여러 개의 영업을 하는 경우에는 여러 종류의 상호를 사용할 수 있다. 다만, 개인상인도 동일한 영업에 관하여 사업장이 여러 개인 때에는 동일한 상호를 사용하여야 한다. 이러한 경우 지점의 상호에는 본점과의 종속관계를 표시하여야 한다(상법 제21조).

누구든지 부정한 목적으로 타인의 영업으로 오인(誤認)할 수 있는 상호를 사용하지 못하고, 이러한 상호를 사용하고 있는 자로 인하여 손해를 받을 염려가 있는 자나 상호를 등기한 자는 그 상호의 폐지를 청구할 수 있다. 그리고 손해배상도 청구할 수 있다. 동일한 특별시·광역시·시·군에서 동종영업으로 타인이 등기한 상호를 사용하는 자는 부정한 목적으로 사용하는 것으로 추정한다(상법 제23조). 그러나 등기를 하지 아니한 상호에는 이 법률상의 추정규정이 적용되지 않는다. 즉 소송상으로 문제가 되는 경우에, 등기하지 아니한 상호권자는 상대방이 부정한 목적으로 자기의 상호를 사용하였다는 사실에 대하여 증명(입증)을 하여야 한다.

타인에게 자기의 성명 또는 상호를 사용하여 영업을 할 것을 허락한 자는 자기를 영업주로 오인하여 거래한 제3자에 대하여 그 타인과 연대하여 변제할 책임이 있다(상법 제24조). 이는 명의대여자의 연대책임을 설명하는 규정이다.

자영업자가 꼭 알아야 할 법률지식 및 사업자금 조달방법

나. 상호의 등기 및 양도

개인상인은 상호를 자유로이 선정하여 사용하면 되지만, 회사는 반드시 상호를 등기하여야 한다. 개인상인도 상호를 등기할 수는 있다.

타인이 등기한 상호(가등기 포함)는 동일한 특별시·광역시·시·군에서 동종영업의 상호로 등기하지 못한다(상법 제22조, 제22조의2 제4항).

주식회사 또는 유한회사를 설립하고자 할 때에는 본점의 소재지를 관할하는 등기소에 상호의 가등기를 신청할 수 있다. 회사는 상호나 목적 또는 상호와 목적을 변경하고자 할 때에는 본점의 소재지를 관할하는 등기소에 상호의 가등기를 신청할 수 있다. 회사가 본점을 이전하고자 할 때에는 이전할 곳을 관할하는 등기소에 상호의 가등기를 신청할 수 있다(상법 제22조의2).

상호는 영업을 폐지하거나 영업과 함께 하는 경우에 한하여 이를 양도할 수 있지만, 양도를 등기하지 아니하면 제3자에게 대항하지 못한다(상법 제25조). 대항하지 못한다는 것은 그 양도 사실을 알지 못한 자에게는 양도에 따른 권리를 주장하지 못한다는 의미이다.

3. 상호와 상표

2. 상표(商標)

가. 상표 이해하기

'상표'라고 함은 상품을 생산·가공 또는 판매하는 것을 업으로 영위하는 자가 자기의 업무에 관련된 상품을 타인의 상품과 식별되도록 사용하는 표장(標章)을 말한다. 여기의 표장이라 함은 ① 기호·문자·도형, 입체적 형상 또는 이들을 결합하거나 이들에 색채를 결합한 것, ② 다른 것과 결합하지 아니한 색채 또는 색채의 조합, 홀로그램, 동작 또는 그 밖에 시각적으로 인식할 수 있는 것, ③ 소리·냄새 등 시각적으로 인식할 수 없는 것 중 기호·문자·도형 또는 그 밖의 시각적인 방법으로 사실적(寫實的)으로 표현한 것 중 어느 하나에 해당하는 것을 말한다(상표법 제2조 제1항 제1호).

상표는 특허청에 등록을 할 수 있다. 등록된 상표는 막대한 재산적 가치를 가질 수 있다. 가령 "NAVER", "YAHOO"의 가치는 얼마나 될까? 등록된 상표는 법률에 의하여 독점권이 보호된다. 등록된 상표는 특허청에서 공시를 하고, 누구든지 등록된 상표권을 침해하는 경우에는 제재를 받는다. 여기의 제재라 함은 재산권침해에 따른 손해배상을 말한다.

상표는 현실적으로 사용하고 있지 않더라도 앞으로 사용하려고 하는 자는 원칙적으로 누구든지 요건을 갖추어 등록을 할 수 있다. 어떤 사람은 이러한 법률의 규정을 이용(악용?)하여 수백 또는 수천 개의 상표를 등록해두고, 낚시질을 한다. 다시 말하면 이처럼 다량으로 등록한 상표권을 누군가가 침해하기를 기다렸다가 손해배상을 청구하거나 그 침해의 중지(예방)를 청구한다.

우리는 2014년 4월 '세월호 침몰'이라는 큰 아픔을 겪었다. 이 때 그 유람선의 사실상 소유자가 수천 종류의 상표권을 등록해놓고 부당한 이득을 취득하였다는 뉴스를 접한 적이 있다. 시쳇말로 표현하자면, 이러한 유형의 낚시꾼에게 당하는 사람의 대부분은 자영업자 내지 소상공인들이다. 조심해야 하겠다.

따라서 상표를 선정하고자 하는 경우에는 반드시 등록상표인지 여부를 조사할 필요가 있다. 이 조사는 "특허정보검색서비스(www.kipris.or.kr)"를 이용하면 된다.

나. 상표의 등록 및 상표권의 보호

국내에서 상표를 사용하는 자 또는 사용하고자 하는 자는 자기의 상표를 등록받을 수 있다. 다만, 특허청직원 및 특허심판원 직원은 상속 또는 유증의 경우를 제외하고는 재직 중 상표를 등록받을 수 없다(상표법 제3조). 등록을 받기 위하여는 상표등록출원을 한 후 특허청의 심사절차를 거쳐야 한다. 등록을 하면

3. 상호와 상표

그 때부터 10년 동안 상표권을 보유한다. 그리고 10년씩 갱신할 수 있다. 다음에는 상표권의 침해행위로 간주하는 사유를 소개한다.

> **상표법 제66조(침해로 보는 행위)** ① 다음 각 호의 1에 해당하는 행위는 상표권 또는 전용사용권을 침해한 것으로 본다.
> 1. 타인의 등록상표와 동일한 상표를 그 지정상품과 유사한 상품에 사용하거나 타인의 등록상표와 유사한 상표를 그 지정상품과 동일 또는 유사한 상품에 사용하는 행위
> 2. 타인의 등록상표와 동일 또는 유사한 상표를 그 지정상품과 동일 또는 유사한 상품에 사용하거나 사용하게 할 목적으로 교부·판매·위조·모조 또는 소지하는 행위
> 3. 타인의 등록상표를 위조 또는 모조하거나 위조 또는 모조하게 할 목적으로 그 용구를 제작·교부·판매 또는 소지하는 행위
> 4. 타인의 등록상표 또는 이와 유사한 상표가 표시된 지정상품과 동일 또는 유사한 상품을 양도 또는 인도하기 위하여 소지하는 행위

'전용사용권'이란 상표권자로부터 그 상표권을 독점사용할 권

자영업자가 꼭 알아야 할 법률지식 및 사업자금 조달방법

리를 부여받은 자가 사용하는 권리를 말한다. '지정상품'이란 상표권을 등록할 때에는 해당 상표권이 어느 상품에 관한 것인지를 지정하여 표시하는데, 이 때 지정한 상품을 말한다.

상표권이나 전용사용권을 침해하면 7년 이하의 징역 또는 1억원 이하의 벌금의 형으로 처벌받을 수 있다(상표법 제93조).

3. 「부정경쟁방지 및 영업비밀보호에 관한 법률」

가. 법률의 이해

이 법은 국내에 널리 알려진 타인의 상호, 상표 및 영업비밀을 침해하는 행위에 대한 제재에 관하여 규정한다. 여기의 제재란 손해배상, 신용회복, 과징금의 부과 등, 그리고 10년 이하의 징역 또는 부정한 행위로 인하여 취득한 재산상 이득액의 10배 이하에 해당하는 벌금형을 과하는 것을 말한다.

그리고 등록상표에 관하여 부정경쟁행위를 한 자를 특허청장에게 신고한 사람에게는 특허청장이 신고포상금을 지급하며, 이 법을 위반한 자를 공정거래위원회나 국민권익위원회에 신고하여 피신고자가 벌금형이나 재산상의 제재를 받은 경우에는 신고자는 「공익신고자 보호법」의 관련 규정에 의하여 보상금을 지급받을 수 있다(법 제16조).

3. 상호와 상표

나. 부정경쟁행위

이 법에서 사용하는 '부정경쟁행위'는 다음과 같고, 이를 위반하는 행위에 대한 형벌은 제18조 내지 제19조에서 규정하고 있는데, 징역·벌금형은 물론 미수죄와 예비·음모죄도 규정하고 있는 점이 특징이다.

제2조(정의) 이 법에서 사용하는 용어의 뜻은 다음과 같다.
1. "부정경쟁행위"란 다음 각 목의 어느 하나에 해당하는 행위를 말한다.
   가. 국내에 널리 인식된 타인의 성명, 상호, 상표, 상품의 용기·포장, 그 밖에 타인의 상품임을 표시한 표지(標識)와 동일하거나 유사한 것을 사용하거나 이러한 것을 사용한 상품을 판매·반포(頒布) 또는 수입·수출하여 타인의 상품과 혼동하게 하는 행위
   나. 국내에 널리 인식된 타인의 성명, 상호, 표장(標章), 그 밖에 타인의 영업임을 표시하는 표지와 동일하거나 유사한 것을 사용하여 타인의 영업상의 시설 또는 활동과 혼동하게 하는 행위
   다. 가목 또는 나목의 혼동하게 하는 행위 외에 비상업적

사용 등 대통령령으로 정하는 사유 없이 국내에 널리 인식된 타인의 성명, 상호, 상표, 상품의 용기·포장, 그 밖에 타인의 상품 또는 영업임을 표시한 표지와 동일하거나 유사한 것을 사용하거나 이러한 것을 사용한 상품을 판매·반포 또는 수입·수출하여 타인의 표지의 식별력이나 명성을 손상하는 행위

라. 상품이나 그 광고에 의하여 또는 공중이 알 수 있는 방법으로 거래상의 서류 또는 통신에 거짓의 원산지의 표지를 하거나 이러한 표지를 한 상품을 판매·반포 또는 수입·수출하여 원산지를 오인(誤認)하게 하는 행위

마. 상품이나 그 광고에 의하여 또는 공중이 알 수 있는 방법으로 거래상의 서류 또는 통신에 그 상품이 생산·제조 또는 가공된 지역 외의 곳에서 생산 또는 가공된 듯이 오인하게 하는 표지를 하거나 이러한 표지를 한 상품을 판매·반포 또는 수입·수출하는 행위

바. 타인의 상품을 사칭(詐稱)하거나 상품 또는 그 광고에 상품의 품질, 내용, 제조방법, 용도 또는 수량을 오인하게 하는 선전 또는 표지를 하거나 이러한 방법이나 표지로써 상품을 판매·반포 또는 수입·수출하는 행위

사. 다음의 어느 하나의 나라에 등록된 상표 또는 이와 유사한 상표에 관한 권리를 가진 자의 대리인이나 대표자 또는 그 행위일 전 1년 이내에 대리인이나 대표자이었던 자가 정당한 사유 없이 해당 상표를 그 상표의 지정 상품과 동일하거나 유사한 상품에 사용하거나 그 상표를 사용한 상품을 판매·반포 또는 수입·수출하는 행위

 (1) 「공업소유권의 보호를 위한 파리협약」(이하 "파리협약"이라 한다) 당사국
 (2) 세계무역기구 회원국
 (3) 상표법조약의 체약국(締約國)

아. 정당한 권원이 없는 자가 다음의 어느 하나의 목적으로 국내에 널리 인식된 타인의 성명, 상호, 상표, 그 밖의 표지와 동일하거나 유사한 도메인이름을 등록·보유·이전 또는 사용하는 행위

 (1) 상표 등 표지에 대하여 정당한 권원이 있는 자 또는 제3자에게 판매하거나 대여할 목적
 (2) 정당한 권원이 있는 자의 도메인이름의 등록 및 사용을 방해할 목적
 (3) 그 밖에 상업적 이익을 얻을 목적

자. 타인이 제작한 상품의 형태(형상·모양·색채·광택 또는 이들을 결합한 것을 말하며, 시제품 또는 상

자영업자가 꼭 알아야 할 법률지식 및 사업자금 조달방법

품·소개서상의 형태를 포함한다. 이하 같다)를 모방한 상품을 양도·대여 또는 이를 위한 전시를 하거나 수입·수출하는 행위. 다만, 다음의 어느 하나에 해당하는 행위는 제외한다.
(1) 상품의 시제품 제작 등 상품의 형태가 갖추어진 날부터 3년이 지난 상품의 형태를 모방한 상품을 양도·대여 또는 이를 위한 전시를 하거나 수입·수출하는 행위
(2) 타인이 제작한 상품과 동종의 상품(동종의 상품이 없는 경우에는 그 상품과 기능 및 효용이 동일하거나 유사한 상품을 말한다)이 통상적으로 가지는 형태를 모방한 상품을 양도·대여 또는 이를 위한 전시를 하거나 수입·수출하는 행위
차. 그 밖의 타인의 상당한 투자나 노력으로 만들어진 성과 등을 공정한 상거래 관행이나 경쟁질서에 반하는 방법으로 자신의 영업에 무단으로 사용함으로써 타인의 경제적 이익을 침해하는 행위

제2조 제1호 다목에서 "비상업적 사용 등 대통령령으로 정하는 정당한 사유"란 다음 각 호의 어느 하나에 해당하는 경우를 말한다(시행령 제1조의2). ① 비상업적으로 사용하는 경우, ②

3. 상호와 상표

뉴스보도 및 뉴스논평에 사용하는 경우, ③ 타인의 성명, 상호, 상표, 상품의 용기·포장, 그 밖에 타인의 상품 또는 영업임을 표시한 표지(그 승계인을 포함한다)가 국내에 널리 인식되기 전에 그 표지와 동일하거나 유사한 표지를 사용해온 자(그 승계인을 포함한다)가 이를 부정한 목적 없이 사용하는 경우, ④ 그 밖에 해당 표지의 사용이 공정한 상거래 관행에 어긋나지 아니한다고 인정되는 경우

〔판례〕 '타인의 상품임을 표시한 표지'의 의미
  일반적으로 상품의 형태나 모양은 상품의 출처를 표시하는 기능을 가진 것은 아니고, 다만 어떤 상품의 형태와 모양 또는 문양과 색상 등이 상품에 독특한 개성을 부여하는 수단으로 사용되고, 그것이 장기간 계속적·독점적·배타적으로 사용되거나 지속적인 선전·광고 등에 의하여 그것이 갖는 차별적 특징이 거래자 또는 수요자에게 특정한 출처의 상품임을 연상시킬 정도로 현저하게 개별화되기에 이른 경우에 비로소 부정경쟁방지법 제2조 제1호 (가)목에서 정하는 '타인의 상품임을 표시한 표지'에 해당한다(대법원 2013. 4. 25. 선고 2012다41410 판결).

〔판례〕 '국내에 널리 인식된 타인의 상품임을 표시한 표지'의 의미
  어떤 상품의 형태가 출처표시기능을 가지고 나아가 주지성까

지 획득하는 경우에는 부정경쟁방지법 제2조 제1호 (가)목에 규정된 '국내에 널리 인식된 타인의 상품임을 표시한 표지'에 해당하여 같은 법에 의한 보호를 받을 수 있는데, 이를 위해서는 상품의 형태가 다른 유사상품과 비교하여 수요자의 감각에 강하게 호소하는 독특한 디자인적 특징을 가지고 있는 등 일반수요자가 일견하여 특정의 영업주체의 상품이라는 것을 인식할 수 있는 정도의 식별력을 갖추고 있어야 하며, 나아가 당해 상품의 형태가 장기간에 걸쳐 특정의 영업주체의 상품으로 계속적·독립적·배타적으로 사용되거나, 또는 단기간이라도 강력한 선전·광고가 이루어짐으로써 그 상품형태가 갖는 차별적 특징이 거래자 또는 일반수요자에게 특정 출처의 상품임을 연상시킬 정도로 현저하게 개별화된 정도에 이르러야 한다(대법원 2012. 11. 29. 선고 2011도10978 판결).

〔판례〕 '타인의 영업상의 시설 또는 활동과 혼동하게 하는 행위'의 의미
「부정경쟁방지 및 영업비밀에 관한 법률」(이하 "부정경쟁방지법"이라 한다) 제2조 제1호 (나)목은 '국내에 널리 인식된 타인의 성명·상호·표장(標章), 그 밖에 타인의 영업임을 표시하는 표지와 동일하거나 유사한 것을 사용하여 타인의 영업상의 시설 또는 활동과 혼동하게 하는 행위'를 부정경쟁행위의 하나로 규정하고 있다. 여기서 '국내에 널리 인식된 타인의 영업임을 표시하

는 표지'는 국내 전역 또는 일정한 범위에서 거래자 또는 수요자들이 그것을 통하여 특정 영업을 다른 영업과 구별하여 널리 인식하는 경우를 말하는 것으로서 '국내에 널리 인식된 타인의 영업임을 표시하는 표지'인지는 사용기간, 방법, 태양, 사용량, 거래범위 등과 거래실정 및 사회통념상 객관적으로 널리 알려졌는지가 우선의 기준이 되고, '영업표지의 유사' 여부는 동종 영업에 사용되는 두 개의 영업표지를 외관, 호칭, 관념 등의 점에서 전체적 · 객관적 · 이격적으로 관찰하여 구체적인 거래실정상 일반 수요자나 거래자가 영업출처에 대한 오인 · 혼동의 우려가 있는지에 의하여 판별되어야 한다. 한편 '타인의 영업상의 시설 또는 활동과 혼동하게 하는 행위'는 영업표지 자체가 동일하다고 오인하게 하는 경우뿐만 아니라 국내에 널리 인식된 타인의 영업표지와 동일 또는 유사한 표지를 사용함으로써 일반 수요자나 거래자로 하여금 당해 영업표지의 주체와 동일 또는 유사한 표지의 사용자 간에 자본, 조직 등에 밀접한 관계가 있다고 잘못 믿게 하는 경우도 포함한다. 그리고 그와 같이 타인의 영업표지와 혼동을 하게 하는 행위에 해당하는지는 영업표지의 주지성, 식별력의 정도, 표지의 유사 정도, 영업 실태, 고객층의 중복 등으로 인한 경업 · 경합관계의 존부, 그리고 모방자의 악의(사용의도) 유무 등을 종합하여 판단하여야 한다(대법원 2013. 5. 9. 선고 2011다64102 판결).

〔판례〕 '법 제2조 제1호 (바)목 후단'의 의미

「부정경쟁방지 및 영업비밀보호에 관한 법률」(이하 "부정경쟁방지법"이라고 한다) 제2조 제1호 (바)목 후단의 '상품에 그 상품의 품질, 내용, 제조방법, 용도 또는 수량을 오인하게 하는 표지를 하거나 이러한 표지를 한 상품을 판매 등을 하는 행위'란 상품의 속성과 성분 등의 품질, 급부의 내용, 제조 및 가공방법, 효능과 사용방법 등의 용도 또는 상품의 개수, 용적 및 중량 등의 수량에 관하여 일반 소비자로 하여금 오인하게 하는 허위나 과장된 내용의 표지를 하거나 그러한 표지를 한 상품을 판매하는 등의 행위를 말하는 것이다(대법원 1992. 2. 29. 자 91마613 결정 등 참조). 한편 상품의 제조원에 일정한 품질 관념이 화체되어 있어서 이를 표시하는 것이 상품의 수요자나 거래자 등이 속한 거래사회에서 그 상품의 품질에 대한 관념의 형성에 기여하는 경우에는 허위로 이러한 제조원을 상품에 표시하거나 그러한 상품을 판매하는 등의 행위는 상품의 품질에 관하여 일반 소비자로 하여금 오인하게 할 우려가 있는 행위로써 부정경쟁방지법 제2조 제1호 (바)목 후단의 부정경쟁행위에 해당한다(대법원 2012. 6. 28. 선고 2010도14789 판결).

나. 영업비밀침해행위

제2조(정의) 이 법에서 사용하는 용어의 뜻은 다음과 같다.
2. "영업비밀"이란 공공연히 알려져 있지 아니하고 독립된 경제적 가치를 가지는 것으로서, 합리적인 노력에 의하여 비밀로 유지된 생산방법, 판매방법, 그 밖에 영업활동에 유용한 기술상 또는 경영상의 정보를 말한다.
3. "영업비밀 침해행위"란 다음 각 호의 어느 하나에 해당하는 행위를 말한다.
    가. 절취(竊取), 기망(欺罔), 협박, 그 밖의 부정한 수단으로 영업비밀을 취득하는 행위(이하 "부정취득행위"라 한다) 또는 그 취득한 영업비밀을 사용하거나 공개(비밀을 유지하면서 특정인에게 알리는 것을 포함한다. 이하 같다)하는 행위
    나. 영업비밀에 대하여 부정취득행위가 개입된 사실을 알거나 중대한 과실로 알지 못하고 그 영업비밀을 취득하는 행위 또는 그 취득한 영업비밀을 사용하거나 공개하는 행위
    다. 영업비밀을 취득한 후에 그 영업비밀에 대하여 부정취득행위가 개입된 사실을 알거나 중대한 과실로 알지 못하

고 그 영업비밀을 사용하거나 공개하는 행위
라. 계약관계 등에 따라 영업비밀을 비밀로서 유지하여야 할 의무가 있는 자가 부정한 이익을 얻거나 그 영업비밀의 보유자에게 손해를 입힐 목적으로 그 영업비밀을 사용하거나 공개하는 행위
마. 영업비밀이 라목에 따라 공개된 사실 또는 그러한 공개행위가 개입된 사실을 알거나 중대한 과실로 알지 못하고 영업비밀을 취득하는 행위 또는 그 취득한 영업비밀을 사용하거나 공개하는 행위
바. 영업비밀을 취득한 후에 그 영업비밀이 라목에 따라 공개된 사실 또는 그러한 공개행위가 개입된 사실을 알거나 중대한 과실로 알지 못하고 그 영업비밀을 사용하거나 공개하는 행위

[판례] '영업비밀'의 의미

「부정경쟁방지 및 영업비밀에 관한 법률」(이하 "부정경쟁방지법"이라 한다) 제2조 제2호의 "영업비밀"이란 공연히 알려져 있지 아니하고 독립된 경제적 가치를 가지는 것으로서 상당한 노력에 의하여 비밀로 유지된 생산방법, 판매방법, 그 밖에 영업활동에 유용한 기술상 또는 경영상의 정보를 말한다. 여기서 '상당한 노력에 의하여 비밀로 유지된다'는 것은 그 정보가 비밀이라

고 인식될 수 있는 표시를 하거나 고지를 하고, 그 정보에 접근할 수 있는 대상자나 접근방법을 제한하거나 그 정보에 접근한 자에게 비밀준수의무를 부과하는 등 객관적으로 그 정보가 비밀로 유지·관리되고 있다는 사실이 인식 가능한 상태를 말한다 (대법원 2012. 6. 28. 선고 2012도3317 판결).

[판례] '독립된 경제적 가치를 가진다'의 의미

법 제2조 제2호의 '독립된 경제적 가치를 가진다'는 것은 그 정보의 보유자가 그 정보의 사용을 통해 경쟁자에 대하여 경제상의 이익을 얻을 수 있거나 또는 그 정보의 취득이나 개발을 위해 상당한 비용이나 노력이 필요하다는 것을 말한다(대법원 2009. 4. 9. 선고 2006도9022 판결 등 참조). (대법원 2011. 8. 25. 선고 2011도139 판결).

자영업자가 꼭 알아야 할 법률지식 및 사업자금 조달방법

4

조세(세금)와 공과금(公課金)

자영업자가 꼭 알아야 할 법률지식 및 사업자금 조달방법

1. 조세 및 공과금 이해하기

'조세' 또는 '세금'이라고 함은 국가와 지방자치단체가 그를 운영함에 필요한 재원을 조달하기 위하여 특별한 대가 없이 자연인 및 법인으로부터 징수하는 금전을 말한다. 이는 큰 틀에서 '국세(國稅)'와 '지방세'로 나뉜다.

국세는 '관세(關稅)'와 '내국세'로 나뉘고, 내국세는 다시 직접세와 간접세로 구분된다. '직접세'에 해당하는 것으로는 소득세·법인세·상속세·증여세 등이 있고, '간접세'에 해당하는 것으로는 부가가치세·특별소비세·주세(酒稅)·인지세·증권거래세 등이 있다.

'지방세'로 분류되는 것으로는 주민세·자동차세·면허세·등록세·재산세·취득세·도시계획세·사업소세 등이 있다.

조세가 아니면서 이른바 '준조세'라고 일컬어지는 것들을 일반적으로 '공과금'이라고 부르는데, 여기에 해당하는 것 중 대표적인 것은 이른바 '4대보험'이라고 불리는 건강보험·고용보험·산업재해보상보험 및 국민연금이 있다.

여기에서는 모든 사업자에게 공통적으로 적용되는 '부가가치세', '소득세', '법인세' 및 '4대사회보험'에 관하여 그 개념 정도

4. 조세(세금)와 공과금(公課金)

만 간략히 살펴보기로 한다. 이들에 관하여 구체적으로 검토하고자 하는 경우에는 해당 법령의 규정을 검색할 필요가 있으므로, 가장 간편한 법령의 검색요령 하나를 여기에 소개한다. ①법제처 홈페이지 → ②국가법령 → ③검색어에 법령명의 주요 단어 입력 후 클릭 → ④왼쪽에 있는 법령명 클릭

2. 부가가치세

가. 부가가치세에 관한 이해

'부가가치세'는 생산 및 유통과정(재화·용역의 공급 및 수입)의 각 단계에서 창출되는 부가가치(附加價値)에 대하여 부과되는 조세를 말한다. 상거래계에서는 이를 "VAT"라고 표현하기도 하는데, 이는 부가가치세의 영역(英譯)인 "value added tax"의 줄임말을 뜻한다. 이 조세는 모든 재화나 용역의 소비행위에 대하여 부과되며, 납세의무가 있는 사업자로부터 최종 소비자에게 전가되는 형태인 이른바 다단계거래세의 모습을 띤다. 가령 생산자 甲이 100만 원짜리 상품을 소매상 乙에게 판매하는 경우에는 위 상품의 대가에 부가가치세 10%를 더하여 110만원에 매도하고, 乙은 다시 소비자 丙에게 매도함에 있어서 - 이윤 없이

자영업자가 꼭 알아야 할 법률지식 및 사업자금 조달방법

판매하는 경우를 가정하면 - 11만원의 부가가치세를 보태어 121만원에 판매하며, 이와 같은 다단계의 판매과정마다 부가가치가 보태어져 최종 소비자 丙이 이 조세를 간접적으로 부담하게 되는 구조이다. 이 경우 직접의 납세자는 甲과 乙이 되며, 이들은 각자 자기의 부가가치 부분(매출단가 - 매입단가)에 대하여 납세자가 된다.

부가가치세는「부가가치세법」이 규율하는데, 이 법은 납세의무자를 '일반과세자'와 '간이과세자'로 구분한다. '간이과세자'라 함은 직전 연도의 공급대가의 합계액이「부가가치세법 시행령」(이하 "대통령령"이라고 한다)으로 정하는 금액에 미달하는 사업자로서 간편한 절차에 의하여 부가가치세를 신고·납부하는 개인사업자를 말한다. 그리고 '일반과세자'는 간이과세자가 아닌 모든 사업자를 말한다. 따라서 법인사업자는 모두 일반과세자가 된다. <u>간이과세의 요건인 "대통령령으로 정하는 금액"이란 연간 매출액이 4천800만 원에 미달하는 금액을 말한다</u>(시행령 제5조, 제109조 제1항).

나. 과세기간

간이과세자의 과세기간은 1월 1일부터 12월 31일까지이고, 일반과세자의 과세기간은 1월 1일부터 6월 30일까지(제1기) 및 7월 1일부터 12월 31일까지(제2기)로 구분된다. 신규로 사업을 시작하는 자에 대한 최초의 과세기간은 사업개시일부터(사업개시 전에 사업자등록을 한 경우에는 사업자등록일부터) 그 날이 속하는 과세기간의 종료일까지로 한다. 일반과세자가 간이과세자로 변경되면 변경 이후 7월 1일부터 12월 31일까지로 하고, 간이과세자가 일반과세자로 변경되는 경우에는 변경 이전 1월 1일부터 6월 30일까지로 한다(법 제5조 참조).

다. 영(零:zero)세율

재화의 공급이 수출에 해당하면 그 재화의 공급에 대하여는 영퍼센트의 세율(이하 "영세율"이라 한다)을 적용한다(법 제21조 제1항). 국외에서 공급하는 용역에 대하여도 영세율을 적용한다(법 제22조). 선박 또는 항공기에 의하여 여객이나 화물을 국내에서 국외로, 국외에서 국내로, 국외에서 국외로 수송하는 '외국항행용역'에 대하여도 영세율을 적용한다(법 제23조).

외화를 획득하기 위한 재화 또는 용역의 공급으로서 ①우리나라에 상주하는 외교공관, 영사기관(명예영사관원을 장으로 하는 영사기관은 제외한다), 국제연합과 이에 준하는 국제기구(우리나라가 당사국인 조약과 그 밖의 국내법령에 따라 특권과 면제를 부여받을 수 있는 경우만 해당한다) 등(이하 "외교공관등"이라 한다)에 재화 또는 용역을 공급하는 경우, ②외교공관등의 소속 직원으로서 해당 국가로부터 공무원 신분을 부여받은 자 또는

자영업자가 꼭 알아야 할 법률지식 및 사업자금 조달방법

외교부장관으로부터 이에 준하는 신분임을 확인받은 자 중 내국인이 아닌 자에게 대통령령 제33조 제1항이 정하는 방법에 따라 재화 또는 용역을 공급하는 경우, ③그 밖에 대통령령 제33조 제2항에서 정하는 방법에 따라 외화를 획득하는 재화 또는 용역을 공급하는 경우 중 어느 하나에 해당하는 경우에는 영세율을 적용한다(법 제24조 제1항 참조).

라. 면세(免稅)

제26조(재화 또는 용역의 공급에 대한 면세) ① 다음 각 호의 재화 또는 용역의 공급에 대하여는 부가가치세를 면제한다.
1. 가공되지 아니한 식료품〔식용(食用)으로 제공되는 농산물, 축산물, 수산물과 임산물을 포함한다〕및 우리나라에서 생산되어 식용으로 제공되지 아니하는 농산물, 축산물, 수산물과 임산물로서 대통령령으로 정하는 것
2. 수돗물
3. 연탄과 무연탄
4. 여성용 생리처리 위생용품
5. 의료보건 용역(수의사의 용역을 포함한다)으로서 대통령령으로 정하는 것과 혈액
6. 교육 용역으로서 대통령령으로 정하는 것

4. 조세(세금)와 공과금(公課金)

7. 여객운송 용역. 다만, 항공기, 고속버스, 전세버스, 택시, 특수자동차, 특종 선박 또는 고속철도에 의한 여객운송 용역으로서 대통령령으로 정하는 것은 제외한다

8. 도서(도서대여 용역을 포함한다), 신문, 잡지, 관보(官報), 「뉴스통신 진흥에 관한 법률」에 따른 뉴스통신 및 방송으로서 대통령령으로 정하는 것. 다만, 광고는 제외한다.

9. 우표(수집용 우표는 제외한다), 인지(印紙), 증지(證紙), 복권 및 공중전화

10. 「담배사업법」 제2조에 따른 담배로서 다음 각 목의 어느 하나에 해당하는 것

    가. 「담배사업법」 제18조 제1항에 따른 판매가격이 대통령령으로 정하는 금액 이하인 것

    나. 「담배사업법」 제19조에 따른 특수용 담배로서 대통령령으로 정하는 것

11. 금융·보험 용역으로서 대통령령으로 정하는 것

12. 주택과 이에 부수되는 토지의 임대 용역으로서 대통령령으로 정하는 것

13. 「주택법」 제44조 제2항에 따른 관리규약에 따라 같은 법 제2조 제14호에 따른 관리주체 또는 같은 법 제43조 제3항에 따른 입주자대표회의가 제공하는 같은 법 제2조 제9호에 따른 복리시설인 공동주택 어린이집의 임대용역

14. 토지

15. 저술가·작곡가나 그 밖의 자가 직업상 제공하는 인적(人的) 용역으로서 대통령령으로 정하는 것
16. 예술창작품, 예술행사, 문화행사 또는 아마추어 운동경기로서 대통령령으로 정하는 것
17. 도서관, 과학관, 박물관, 미술관, 동물원, 식물원, 그 밖에 대통령령으로 정하는 곳에 입장하게 하는 것
18. 종교, 자선, 학술, 구호(救護), 그 밖의 공익을 목적으로 하는 단체가 공급하는 재화 또는 용역으로서 대통령령으로 정하는 것
19. 국가, 지방자치단체 또는 지방자치단체조합이 공급하는 재화 또는 용역으로서 대통령령으로 정하는 것
20. 국가, 지방자치단체 또는 지방자치단체조합 또는 대통령령으로 정하는 공익단체에 무상으로 공급하는 재화 또는 용역

② 제1항에 따라 면세되는 재화 또는 용역의 공급에 통상적으로 부수되는 재화 또는 용역의 공급은 그 면제되는 재화 또는 용역의 공급에 포함되는 것으로 본다.

제27조(재화의 수입에 대한 면세) 다음 각 호에 해당하는 재화의 수입에 대하여는 부가가치세를 면제한다.

1. 가공되지 아니한 식료품(식용으로 제공되는 농산물, 축산물, 수산물 및 임산물을 포함한다)으로서 대통령령으로 정하는 것

4. 조세(세금)와 공과금(公課金)

2. 도서, 신문 및 잡지로서 대통령령으로 정하는 것
3. 학술연구단체, 교육기관, 「한국교육방송공사법」에 따른 한국교육방송공사 또는 문화단체가 과학용·교육용·문화용으로 수입하는 재화로서 대통령령으로 정하는 것
4. 종교의식, 자선, 구호, 그 밖의 공익을 목적으로 외국으로부터 종교단체·자선단체 또는 구호단체에 기증되는 재화로서 대통령령으로 정하는 것
5. 외국으로부터 국가, 지방자치단체 또는 지방자치단체조합에 기증되는 재화
6. 거주자가 받는 소액물품으로서 관세가 면제되는 재화
7. 이사, 이민 또는 상속으로 인하여 수입하는 재화로서 관세가 면제되거나 「관세법」 제81조 제1항에 따른 간이세율이 적용되는 재화
8. 여행자의 휴대품, 별송(別送) 물품 및 우송(郵送) 물품으로서 관세가 면제되거나 「관세법」 제81조 제1항에 따른 간이세율이 적용되는 재화
9. 수입하는 상품의 견본과 광고용 물품으로서 관세가 면제되는 재화
10. 국내에서 열리는 박람회, 전시회, 품평회, 영화제 또는 이와 유사한 행사에 출품하기 위하여 무상으로 수입하는 물품으로서 관세가 면제되는 재화
11. 조약·국제법규 또는 국제관습에 따라 관세가 면제되는

자영업자가 꼭 알아야 할 법률지식 및 사업자금 조달방법

> 재화로서 대통령령으로 정하는 것
> 12. 수출된 후 다시 수입하는 재화로서 관세가 감면되는 것 중 대통령령으로 정하는 것. 다만, 관세가 경감(輕減)되는 경우에는 경감되는 비율만큼만 면제한다.
> 13. 다시 수출하는 조건으로 일시 수입하는 재화로서 관세가 감면되는 것 중 대통령령으로 정하는 것. 다만, 관세가 경감되는 경우에는 경감되는 비율만큼만 면제한다.
> 14. 제26조 제1항 제10호에 따른 담배
> 15. 제6호부터 제13호까지의 규정에 따른 재화 외에 관세가 무세(無稅)이거나 감면되는 재화로서 대통령령으로 정하는 것. 다만, 관세가 경감되는 경우에는 경감되는 비율만큼만 면제한다.

마. 세금계산서 발급의무면제 등

사업자가 부가가치세를 조금이라도 덜 납부하기 위해서는 재화나 용역의 공급을 받을 때에는 세금계산서를 빠짐없이 발급받고, 반대로 재화나 용역을 공급할 때에는 법령이 규정하는 범위 안에서 가능한 한 세금계산서의 발급을 덜 하여야 한다.

사업자는 부가가치세가 면제되는 재화나 용역이 아닌 재화 또는 용역을 공급하는 경우에는 공급가액과 부가가치세액 등을 기

4. 조세(세금)와 공과금(公課金)

재한 세금계산서를 그 공급받는 자에게 발급하여야 한다(법 제32조 제1항 참조). 이러한 양식은 일반 문구점 등에서 판매하고 있다.

세금계산서(전자세금계산서를 포함한다)를 발급하기 어렵거나 세금계산서의 발급이 불필요한 경우 등 대통령령으로 정하는 경우에는 세금계산서를 발급하지 아니할 수 있다(법 제33조 제1항). 세금계산서 발급의무가 면제되는 경우는 다음 표와 같다.

시행령 제71조(세금계산서 발급의무의 면제 등) ① 법 제33조 제1항에서 "세금계산서를 발급하기 어렵거나 세금계산서의 발급이 불필요한 경우 등 대통령령으로 정하는 경우"란 다음 각 호의 어느 하나에 해당하는 재화 또는 용역을 공급하는 경우를 말한다.

1. 택시운송 사업자, 노점 또는 행상을 하는 사람, 그 밖에 기획재정부령으로 정하는 사업자가 공급하는 재화 또는 용역
2. 소매업 또는 미용, 욕탕 및 유사 서비스업을 경영하는 자가 공급하는 재화 또는 용역. 다만, 소매업의 경우에는 공급받는 자가 세금계산서 발급을 요구하지 아니하는 경우로 한정한다.
3. 법 제10조 제1항, 제2항 및 제4항부터 제6항까지의 규정

에 따른 재화

4. 법 제21조(제31조 제1항 제5호에 따른 원료, 같은 조 제2항 제1호에 따른 내국신용장 또는 구매확인서에 의하여 공급하는 재화와 같은 항 제2호부터 제4호까지의 규정에 따른 한국국제협력단, 한국국제보건의료재단 및 대한적십자사에 공급하는 재화는 제외한다), 제22조 및 제23조(공급받는 자가 국내에 사업장이 없는 비거주자 또는 외국법인인 경우와 법 제23조 제2항에 따른 외국항행용역으로서 항공기의 외국항행용역 및 「항공법」에 따른 상업서류송달용역으로 한정한다)에 따른 재화 또는 용역

5. 제33조 제2항 제1호, 제2호, 제5호(공급받는 자가 국내에 사업장이 없는 비거주자 또는 외국법인인 경우로 한정한다), 제6호, 제7호(일반여행업자인 경우로 한정한다) 및 제8호에 따른 재화 또는 용역과 법 제24조 제1항 제1호에 따른 외교공관 등에 공급하는 재화 또는 용역

6. 부동산임대 용역 중 제65조 제1항 및 제2항이 적용되는 부분

7. 「전자서명법」 제2조 제10호에 따른 공인인증기관이 같은 법 제15조에 따라 공인인증서를 발급하는 용역. 다만, 공급받는 자가 사업자로서 세금계산서 발급을 요구하는 경우는 제외한다.

8 그 밖에 국내사업장이 없는 비거주자 또는 외국법인에 공

4. 조세(세금)와 공과금(公課金)

> 급하는 재화 또는 용역. 다만, 그 비거주자 또는 외국법인이 해당 외국의 개인사업자 또는 법인사업자임을 증명하는 서류를 제시하고 세금계산서 발급을 요구하는 경우는 제외한다.

일반과세자가 제46조 제1항에 따른 신용카드매출전표 등을 발급한 경우에는 세금계산서를 발급하지 아니한다(법 제33조 제2항, 시행령 제71조 제2항).

세관장은 수입되는 재화에 대하여 부가가치세를 징수할 때에는 수입된 재화에 대한 세금계산서를 대통령령으로 정하는 바에 따라 수입하는 자에게 발급하여야 한다(법 제35조 제1항).

바. 영수증의 발급 등

간이과세자 또는 일반과세자 중 주로 사업자가 아닌 자에게 재화나 용역을 공급하는 사업자로서 대통령령이 정하는 사업자가 재화나 용역을 공급(부가가치세가 면제되는 재화나 용역의 공급은 제외한다)하는 경우에는 그 공급을 받는 자에게 세금계산서를 발급하는 대신 영수증을 발급하여야 한다. 여기의 "대통령령으로 정하는 사업자"란 소매업, 음식점업(다과점업을 포함한다), 숙박업, 미용·욕탕 및 유사 서비스업, 여객운송업, 입장권을 발행하여 경영하는 사업, 변호사업·심판변론인업·변리사업·법무사업·공인회계사업·세무사업·경영지도사업·기술지도사업·감정평가사업·손해사정인업·통관업·기술사업·건축사업·도선사업·측량사업·공인노무사업·의사업·한의사업·약사업·한약사업·수의사업과 그 밖에 이와 유사한 사업서비스업으로서 기획재정부령으로 정하는 것, 행정사업, 수의사가 제공하는 동물의 진료 용역, 무도학원업, 자동차운전학원업, 공인인증서를 발급하는 사업, 주로 사업자가 아닌 소비자에게 재화 또는 용역을 공급하는 사업으로서 기획재정부령으로 정하는 사업자를 말한다(시행령 제73조 제1항).

위의 경우에도 재화나 용역을 공급받는 자가 사업자등록을 제시하고 세금계산서의 발급을 요구하는 경우로서 대통령령 제73조 제2항에서 정하는 경우에는 세금계산서를 발급하여야 한다. 그리고 신용카드매출전표는 영수증으로 본다(법 제36조 참조).

사. 예정신고와 납부

사업자는 각 과세기간 중 예정신고기간(제1기는 1월 1일부터 3월 31일, 제2기는 7월 1일부터 9월 30일)이 끝난 후 25일 이내에 각 예정신고기간에 대한 과세표준과 납부세액(또는 환급세액)을 관할 세무서장에게 신고하여야 한다. 다만, 신규로 사업을 시작하였거나 시작하려는 자에 대한 최초의 예정신고기간은 사

4. 조세(세금)와 공과금(公課金)

업개시일(사업개시 이전에 사업자등록을 신청한 경우에는 그 신청일)부터 그 날이 속하는 예정신고기간의 종료일까지로 한다(법 제48조 제1항 참조).

아. 확정신고와 납부

사업자는 각 과세기간에 대한 과세표준과 납부세액(또는 환급세액)을 그 과세기간이 끝난 후 25일(폐업하는 경우에는 폐업일이 속한 달의 다음달 25일) 이내에 관할 세무서장에게 신고하여야 한다. 다만, 예정신고를 한 사업자 또는 조기에 환급을 받기 위하여 신고한 사업자는 이미 신고한 과세표준과 납부한 납부세액(또는 환급받은 환급세액)은 신고하지 않는다(법 제49조 제1항).

자. 간이과세

간이과세자는 연간 매출액(법은 "공급대가"라고 표현함)이 4천8백만 원에 미달하는 사업자를 말한다. 간이과세자의 경우에는 법 제4장(과세표준과 세액의 계산), 제5장(신고와 납부 등) 및 제6장(결정·경정·징수와 환급)의 규정을 적용하지 않고, 간이과세에 관하여 별도로 규정한 법 제7장만을 적용한다. 간이과세자가 그 요건인 매출액이 연간 4천8백만 원을 초과하게 되면 일반과세자로 전환되고, 역으로 일반과세자가 간이과세자로 전환될 수도 있다.

　간이과세와 일반과세의 주요한 차이점을 요약하면 다음과 같다. ① 일반과세자는 세금계산서를 발행함을 원칙으로 함에 비하여 간이과세자는 영수증을 발행한다. ② 세액을 계산하는 방식에 있어 일반과세자는 "공급가액×10%"를 적용하고, 간이과세자는 "공급대가×업종별 부가가치율×10%"를 적용한다. ③ 세금계산서 매입세액의 공제와 관련하여, 일반과세자는 매입세액 전액을 공제받지만 간이과세자는 매입세액에 부가가치율을 곱하여 산출한 금액을 공제금액으로 한다. ④ 일반과세자의 과세표준은 '공급가액'이지만 간이과세자의 과세표준은 부가가치세를 포함한 금액인 '공급대가'이다. ⑤ 납부세액의 환급과 관련하여, 간이과세자는 이를 포기하고 일반과세자로 전환할 수 있으나 일반과세자에게는 포기제도가 없다. 간이과세자가 이를 포기하는 이유는 환급을 받기 위함이다.

　이상의 차이점을 고려하여 최초의 신고를 할 당시에 간이과세자로 신고할 것인지 여부를 신중히 판단하여 결정하여야 할 것이다. 세무사의 조언(조력)을 받을 필요가 있을 것이다.

4. 조세(세금)와 공과금(公課金)

3. 소득세

가. 소득세에 관한 이해

'소득세'라고 함은 개인의 소득에 대하여 부과·징수하는 국세를 말한다. 소득세에 관하여는 「소득세법」이 규율하는바, 이 법에서 사용하는 용어 중 '거주자'란 국내에 주소를 두거나 183일 이상의 거소(居所)를 둔 개인을 말하고, 거주자가 아닌 자는 '비거주자'라고 한다. 그리고 사업자로서 사업소득이 있는 자는 '사업자'라고 부른다.

이 법에 따라 소득세를 납부할 납부의무자는 "거주자" 및 "비거주자로서 국내원천소득(國內源泉所得)이 있는 개인"이다. 그리고 원천징수의무자로서 원천징수한 소득세를 납부하여야 하는 자는 "거주자", "비거주자", "내국법인" 및 "외국법인의 국내지점 또는 국내영업소(출장소, 그 밖에 이에 준하는 것을 포함한다)"이다.

나. 과세소득의 범위

거주자에게는 이 법에서 규정하는 모든 소득에 대하여 과세한다. 다만, 해당 과세기간 종료일 10년 전부터 국내에 주소나 거소를 둔 기간의 합계가 5년 이하인 외국인거주자에게는 과세대상 소득 중 국외에서 발생한 소득의 경우 국내에서 지급되거나 국내로 송금된 소득에 대해서만 과세한다. 비거주자에게는 원천소득에 대해서만 과세한다. 이상의 경우에「조세특례제한법」제100조의14 제2호의 동업자(동업기업의 출자자인 거주자, 비거주자, 내국법인 및 외국법인)에게는 같은 법 제100조의18 제1항에 따라 배분받은 소득 및 같은 법 제100조의22 제1항에 따라 분배받은 자산의 시가 중 분배일의 지분가액을 초과하여 발생한 소득에 대하여 과세한다(법 제3조).

다. 소득의 구분 및 과세기간

거주자의 소득은 종합소득(이자소득·배당소득·사업소득·근로소득·연금소득·기타소득을 합산한 소득을 말함), 퇴직소득 및 양도소득으로 구분하고, 비거주자의 소득은 이 법 제119조에 따라 구분한다(법 제4조 참조).

소득세의 과세기간은 1월 1일부터 12월 31일까지 1년으로 하되, 거주자가 사망한 경우에는 1월 1일부터 사망한 날까지로 하고, 거주자가 주소 또는 거소를 국외로 이전(이하 "출국"이라 한다)하여 비거주자로 되는 경우에는 1월 1일부터 출국한 날까지로 한다(법 제5조).

4. 조세(세금)와 공과금(公課金)

라. 비과세소득

제12조(비과세소득) 다음 각 호의 소득에 대해서는 소득세를 과세하지 아니한다.
1. 「공익신탁법」에 따른 공익신탁의 이익
2. 사업소득 중 다음 각 목의 어느 하나에 해당하는 소득
    가. 논·밭을 작물 생산에 이용하게 함으로써 발생하는 소득
    나. 1개의 주택을 소유하는 자의 주택임대소득(제99조에 따른 기준시가가 9억 원을 초과하는 주택 및 국외에 소재하는 주택의 임대소득은 제외한다) 또는 해당 과세기간에 대통령령으로 정하는 총수입금액의 합계액이 2천만 원 이하인 자의 주택임대소득(2016년 12월 31일 이전에 끝나는 과세기간까지 발생하는 소득으로 한정한다). 이 경우 주택 수의 계산 및 주택임대소득의 산정 등 필요한 사항은 대통령령으로 정한다.
    다. 대통령령으로 정하는 농가부업소득
    라. 대통령령으로 정하는 전통주의 제조에서 발생하는 소득
    마. 조림기간 5년 이상인 임지(林地)의 임목(林木)의 벌채

또는 양도로 발생하는 소득으로서 연 600만 원 이하의 금액. 이 경우 조림기간 및 세액의 계산 등 필요한 사항은 대통령령으로 정한다.

바. 대통령령으로 정하는 작물재배업에서 발생하는 소득

3. 근로소득과 퇴직소득 중 다음 각 목의 어느 하나에 해당하는 소득

가. 대통령령으로 정하는 복무 중인 병(兵)이 받는 급여

나. 법률에 따라 동원된 사람이 그 동원 직장에서 받는 급여

다. 「산업재해보상보험법」에 따라 수급권자가 받는 요양급여, 휴업급여, 장해급여, 간병급여, 유족급여, 유족특별급여, 장해특별급여, 장의비 또는 근로의 제공으로 인한 부상·질병·사망과 관련하여 근로자나 그 유족이 받는 배상·보상 또는 위자(慰藉)의 성질이 있는 급여

라. 「근로기준법」 또는 「선원법」에 따라 근로자·선원 및 그 유족이 받는 요양보상금, 휴업보상금, 상병보상금(傷病補償金), 일시보상금, 장해보상금, 유족보상금, 행방불명보상금, 소지품 유실보상금, 장의비 및 장제비

마. 「고용보험법」에 따라 받는 실업급여, 육아 휴직급여, 육아기 근로기간 단축급여, 출산전후휴가급여

4. 조세(세금)와 공과금(公課金)

등,「제대군인 지원에 관한 법률」에 따라 받는 전직지원금,「국가공무원법」·「지방공무원법」에 따른 공무원 또는「사립학교교직원 연금법」·「별정우체국법」을 적용받는 사람이 관련 법령에 따라 받는 육아휴직수당

바.「국민연금법」에 따라 받는 반환일시금(사망으로 받는 것만 해당한다) 및 사망일시금

사.「공무원연금법」·「군인연금법」·「사립학교교직원 연금법」또는「별정우체국법」에 따라 받는 요양비·요양일시금·장해보상금·사망조위금·사망보상금·유족보상금·유족일시금·유족연금일시금·유족연금부가금·유족연금특별부가금·재해부조금·재해보상금 또는 신체·정신상의 장해·질병으로 인한 휴직기간에 받는 급여

아. 대통령령으로 정하는 학자금

자. 대통령령으로 정하는 실비변상적(實費辨償的) 성질의 급여

차. 외국정부(외국의 지방자치단체와 연방국가인 외국의 지방정부를 포함한다. 이하 같다) 또는 대통령령으로 정하는 국제기관에서 근무하는 사람으로서 대통령령으로 정하는 사람이 받는 급여. 다만, 그 외국정부가 그 나라에서 근무하는 우리나라 공무원의 급여에 대

하여 소득세를 과세하지 아니하는 경우만 해당한다.
카. 「국가유공자 등 예우 및 지원에 관한 법률」 또는 「보훈보상대상자 지원에 관한 법률」에 따라 받는 보훈급여금·학습보조비
타. 「전직대통령 예우에 관한 법률」에 따라 받는 연금
파. 작전임무를 수행하기 위하여 외국에 주둔 중인 군인·군무원이 받는 급여
하. 종군한 군인·군무원이 전사(전상으로 인한 사망의 경우를 포함한다. 이하 같다)한 경우 그 전사한 날이 속하는 과세기간의 급여
거. 국외 또는 「남북교류협력에 관한 법률」에 따른 북한지역에서 근로를 제공하고 받는 대통령령으로 정하는 급여
너. 「국민건강보험법」·「고용보험법」 또는 「노인장기요양보험법」에 따라 국가, 지방자치단체 또는 사용자가 부담하는 보험료
더. 생산직 및 그 관련 직에 종사하는 근로자로서 급여 수준 및 직종 등을 고려하여 대통령령으로 정하는 근로자가 대통령령으로 정하는 연장근로·야간근로 또는 휴일근로를 하여 받는 급여
러. 대통령령으로 정하는 식사 또는 식사대
머. 근로자 또는 그 배우자의 출산이나 6세 이하(해당 과

4. 조세(세금)와 공과금(公課金)

  세기간 개시일을 기준으로 판단한다) 자녀의 보육과 관련하여 사용자로부터 받는 급여로서 월 10만원 이내의 금액
 버. 「국군포로의 송환 및 대우 등에 관한 법률」에 따른 국군포로가 받는 보수 및 퇴직일시금
 서. 「교육기본법」 제28조 제1항에 따라 받는 장학금 중 대학생이 근로를 대가로 지급받는 장학금(「고등교육법」 제2조 제1호부터 제4호까지의 규정에 따른 대학에 재학하는 대학생에 한한다)

4. 연금소득 중 다음 각 목의 어느 하나에 해당하는 소득
 가. 「국민연금법」·「공무원연금법」·「군인연금법」·「사립학교교직원연금법」·「별정우체국법」 또는 「국민연금과 직역연금의 연계에 관한 법률」(이하 "공적연금 관련법"이라 한다)에 따라 받는 유족연금, 장애연금, 장해연금, 상이연금(傷痍年金), 연계노령유족연금 또는 연계퇴직유족연금
 나. 삭제
 다. 「산업재해보상보험법」에 따라 받는 각종 연금
 라. 「국군포로의 송환 및 대우 등에 관한 법률」에 따른 국군포로가 받는 연금
 마. 삭제

5. 기타소득 중 다음 각 목의 어느 하나에 해당하는 소득

가. 「국가유공자 등 예우 및 지원에 관한 법률」 또는 「국가보훈대상자 지원에 관한 법률」에 따라 받는 보훈급여금·학습보조비 및 「북한이탈주민의 보호 및 정착 지원에 관한 법률」에 따라 받는 장학금·보로금(報勞金)과 그 밖의 금품
나. 「국가보안법」에 따라 받는 상금과 보로금
다. 「상훈법」에 따른 훈장과 관련하여 받는 부상(副賞)이나 그 밖에 대통령령으로 정하는 상금과 부상
라. 「발명진흥법」 제2조 제2호에 따른 직무발명으로 받는 다음의 보상금
  1) 종업원이 「발명진흥법」 제15조에 따라 사용자로부터 받는 보상금
  2) 대학의 교직원이 소속 대학에 설치된 「산업교육진흥 및 산학연협력촉진에 관한 법률」에 따른 산학협력단으로부터 같은 법 제32조에 따라 받는 보상금
마. 「국군포로의 송환 및 대우 등에 관한 법률」에 따라 국군포로가 받는 위로지원금과 그 밖의 금품
바. 「문화재보호법」에 따라 국가지정문화재로 지정된 서화·골동품의 양도로 발생하는 소득
사. 서화·골동품을 박물관 또는 미술관에 양도함으로써 발생하는 소득

4. 조세(세금)와 공과금(公課金)

마. 필요경비 및 소득공제

　소득세액을 산출함에 있어 계산하는 필요경비에 관하여는 제27조(사업소득의 필요경비의 계산), 제28조(대손충당금의 필요경비 계산), 제29조(퇴직급여충당금의 필요경비 계산), 제31조(보험차익금에 의한 고정자산 취득의 경우의 필요경비 계산), 제32조(국고보조금으로 취득한 사업용 자산가액의 필요경비 계산) 및 제37조(기타소득의 필요경비 계산)에서 규정하였고, 필요경비에 산입하지 않는 사유는 제33조(필요경비 불산입), 제34조(기부금의 필요경비 불산입) 및 제35조(접대비의 필요경비 불산입)에서 각각 규정하였다.

　소득공제에 관한 사항으로는 제47조(근로소득공제), 제47조의2(연금소득공제), 제48조(퇴직소득공제), 제50조(기본공제), 제51조(추가공제), 제51조의3(연금보험료공제), 제51조의4(주택담보노후연금 이자비용공제), 제52조(특별소득공제) 및 제54조의2(공동사업에 대한 소득공제 등 특례)에서 각각 규정하였다.

바. 세액의 계산

　소득세액을 계산함에 있어 필요한 세율에 관하여는 제55조에서 규정하고, 세액공제에 관하여는 제56조(배당세액공제), 제56

자영업자가 꼭 알아야 할 법률지식 및 사업자금 조달방법

조의2(기장세액공제), 제56조의3(전자계산서 발급 전송에 대한 세액공제), 제57조(외국납부세액공제), 제58조(재해손실세액공제), 제59조(근로소득세액공제), 제59조의2(자녀세액공제), 제59조의3(연금계좌세액공제) 및 제59조의4(특별세액공제)에서 규정하였고, 제59조의5는 세액의 감면에 관하여 규정하였다.

그리고 세액계산의 특례에 관한 사항은 제62조부터 제64조의2에서 규정하였다.

4. 법인세

가. 법인 및 법인세 이해하기

'법인(法人)'이라고 함은 문언(文言) 그대로 법에 의하여 사람으로 보는 단체이므로, 법률에 의하여 의제된 사람이라고 풀이할 수 있다. 법인과 법인의 재산은 소유와 경영이 엄격히 분리된다. 따라서 법인의 모든 재산을 사실상 단독으로 소유하는 경영자라고 할지라도 법인의 재산을 법인의 설립목적과 상관없이 개인적 이익을 위하여 소비하는 경우 등에는 위법한 행위가 된다. 법인의 재산을 빼돌려 감추는 이른바 "비자금 조성행위"를 업무상횡령죄나 업무상배임죄로 처벌하는 이유 및 근거는 여기에 있다.

4. 조세(세금)와 공과금(公課金)

법인의 종류를 그 성립의 근거가 되는 법률에 따라 나누어보면, 민법상의 법인, 상법상의 법인 및 각종의 특별법에 의해 설립하는 법인으로 구분할 수 있다. 민법에 터 잡아 설립되는 법인은 재단법인과 사단법인이 있는데, 이들은 모두 비영리법인인 공익법인에 해당한다. 상법이 규정하는 영리법인에는 합명회사·합자회사·유한책임회사·유한회사 및 주식회사가 있으며, 이들 중 가장 많은 수를 차지하는 법인은 주식회사이다.

개인사업자와 주식회사인 법인사업자의 차이점 중 가장 중요한 차이점은, 개인사업자의 경우에는 사업과 관련한 채무(부채)에 관하여 무한책임을 지는 반면 법인사업자의 경영자인 주주와 법인의 일반 주주(株主)는 유한책임을 진다는 점이다. 이를 구체적으로 말하면, 개인사업자가 사업에 실패하는 경우에는 사업 및 사업장이 가진 적극재산뿐만 아니라 사업자의 개인재산도 모두 책임재산이 되므로 사업자가 소유하는 사업과 직접 관련이 있는 재산은 물론 사업과는 무관한 개인이 소유하는 주택 등도 사업상의 채무를 변제하는 데에 동원이 되어야 한다. 그러나 법인사업자가 사업에 실패하여 부도처리가 되는 경우에는 그 법인이 보유한 재산의 범위, 즉 모든 주주가 가진 주주가치의 범위 안에서만 채무를 변제할 책임이 있다. 따라서 회사의 경영진인 대표이사 및 이사 등의 개인이 소유하는 재산은 안전하게 남는다. 다만, 주주들이 가진 주식의 가치가 영이 되거나 영에 가까운 가치로 평가될 뿐이다. 또 하나의 차이점이라면, 개인사업자의 경우에는 자본조달에 어려움을 겪는 것이 일반적이지만 주식회사의 경우에는 증자(자본의 증가)를 통하여 외부로부터 자본을 조달하는 방법이 비교적 용이하다는 점이다. 특히 상장회사(上場會社)의 경우에는 더욱 그러하다. 그리고 법인사업자는 각종 입찰에서 응찰할 수 있는 자격에 제한을 받지 않지만, 개인의 경우에는 참가자격에 제한을 받는 경우가 있다는 점도 차이점이라고 말할 수 있다. 또한 정부의 정책자금이나 금융기관의 융자 등에서도 법인사업자에 비하여 개인사업자는 차별을 받는 경우가 있다.

과거에는 주식회사를 설립하기 위해서는 자본금이 5천만 원 이상이어야 하는 등 여러 가지의 어려움이 있었다. 그러나 현행 상법의 규정에 의하면 1인의 발기인(發起人)만으로 자본금의 제한을 받지 않고 주식회사를 설립할 수 있다.

나. 과세소득의 범위

여기에서는 회사법인에게 해당하는 법인세 과세소득의 범위를 소개한다. 법인세는 각 사업연도(법인의 정관에서 규정하는 1회계기간을 말함)의 소득, 청산소득, 토지 등의 양도소득 및 제56조에서 규정하는 미환류소득에 대하여 부과·징수한다(법 제3조 제1항). '미환류소득'이라고 함은 투자·임금·배당 등으로 환류하지 아니한 소득을 말하는데, 이는 자기자본이 500억을 초과하

4. 조세(세금)와 공과금(公課金)

는 법인에 대하여만 적용한다(제56조 참조).

다. 과세표준 등의 신고

납세의무가 있는 내국법인은 각 사업연도의 종료일이 속하는 달의 말일부터 3개월 이내에 그 사업연도의 소득에 대한 법인세의 과세표준과 세액을 본점 또는 주사무소 소재지를 관할하는 세무서장에게 신고하여야 한다(법 제60조 제1항 참조).

5. 사회보험

가. 건강보험

「국민건강보험법」은 국민의 질병·부상에 대한 예방·진단·치료·재활·출산·사망 및 건강증진에 대하여 보험급여를 실시하는 것을 목적으로 한다.

이 법에서 '근로자'라고 함은 직업의 종류와 관계없이 근로의 대가로 보수를 받아 생활하는 사람(법인의 이사와 그 밖의 임원을 포함한다)으로서 공무원과 교직원을 제외한다.

국내에 거주하는 국민은 이 법에 따른 건강보험의 가입자 또는 피부양자가 된다. 다만, 「의료급여법」에 따라 의료급여를 받

자영업자가 꼭 알아야 할 법률지식 및 사업자금 조달방법

는 사람(이하 "수급권자"라 한다)과 「독립유공자예우에 관한 법률」 및 「국가유공자 등 예우 및 지원에 관한 법률」에 따라 의료보호를 받는 사람(이하 "유공자등 의료보호대상자"라 한다)은 건강보험의 적용배제신청을 하면 가입자에서 제외된다(제5조 제1항). 가입자는 직장가입자와 지역가입자로 구분하며, 직장가입자에 관한 사항은 모든 사업장에 적용한다.

국내에 체류하는 재외국민 또는 외국인으로서 대통령령으로 정하는 사람은 제5조에도 불구하고 이 법의 적용을 받는 가입자 또는 피부양자가 된다(제109조 제2항). "대통령령으로 정하는 사람"의 범위는 시행령 제76조 제2항에서 규정하였다.

나. 고용보험

「고용보험법」은 고용보험의 시행을 통하여 실업의 예방, 고용의 촉진, 근로자의 직업능력의 개발과 향상을 꾀하고, 국가의 직업지도와 직업소개 기능을 강화하며, 근로자(자영업자 포함)가 실업한 경우에 생활에 필요한 급여를 실시하는 것 등을 목적으로 한다.

이 법은 고용안정 및 직업능력개발 등에 관한 지원과 피보험자에 대한 각종 급여에 관하여 규정하고, 고용보험료의 징수 등에 관하여는 「고용보험 및 산업재해보상보험의 보험료징수 등에 관한 법률」(이하 "보험료징수법"이라 한다)에서 규정한다.

4. 조세(세금)와 공과금(公課金)

이 법은 근로자를 사용하는 모든 사업 또는 사업장(이하 "사업"이라 한다)에 적용한다. 다만, 산업별 특성 및 규모 등을 고려하여 대통령령으로 정하는 사업에는 적용하지 아니한다(제8조). 적용제외 대상 사업에 관하여는 시행령 제2조에서 규정하였다.

국가는 사업장의 규모 및 근로자(내국인에 한한다. 이하 이 조에서 같다)의 보수가 대통령령으로 정하는 범위에 해당하는 경우 그 사업주와 근로자가 제13조 제2항 및 제4항에 따라 각각 부담하는 고용보험료의 일부를 예산의 범위에서 지원할 수 있다(제21조 제1항). 사업장의 규모 및 근로자의 보수가 대통령령이 정하는 범위에 해당하는 경우에 관하여는 시행령 제28조에서 규정하였다.

법 제21조 제1항에 따른 고용보험료의 지원 수준, 지원 방법, 절차 등 필요한 사항은 대통령령으로 정한다(제21조 제2항). 법 제21조에 따른 고용보험료의 지원 수준은 고용노동부장관이 사업주와 근로자가 부담하는 고용보험료의 2분의 1의 범위에서 근로자의 보수 수준 등을 고려하여 보건복지부장관과 협의하여 고시한다(시행령 제29조). 고용보험료의 지원 대상이 되는 고용보험 가입근로자의 보수는 월평균보수액 또는 월별보수총액이 140만 원 이하인 근로자로 하고, 그 지원수준은 사업주 및 근로자가 부담하는 고용보험료의 각 2분의 1에 해당하는 금액으로 한다(고용노동부 고시 제2014-70호).

근로자를 사용하지 아니하거나 50명 미만의 근로자를 사용하는 사업주로서 대통령령으로 정하는 요건을 갖춘 자영업자(이하 "자영업자"라 한다)는 공단의 승인을 받아 자기를 이 법에 따른 근로자로 보아 고용보험에 가입할 수 있다(제49조의2 제1항). "대통령령으로 정하는 요건을 갖춘 자영업자"의 범위에 관하여는 시행령 제56조의5에서 규정하였다.

자영업자에 대한 고용보험료 산정의 기초가 되는 보수액은 자영업자의 소득, 보수수준 등을 고려하여 고용노동부장관이 정하여 고시한다(제49조의2 제3항). 자영업자의 고용보험료 산정의 기초가 되는 보수액은 월 1,920,000원으로 한다(고용노동부 고시 제2014-54호).

자영업자가 보험가입 승인을 신청하려는 경우에는 본인이 원하는 혜택수준을 고려하여 제3항에 따라 고시된 보험액 중 어느 하나를 선택하여야 한다(제49조의2 제4항).

다. 산업재해보상보험

「산업재해보상보험법」은 산업재해보상보험사업을 시행하여 근로자의 업무상의 재해를 신속하고 공정하게 보상하며, 재해근로자의 재활 및 사회복귀를 촉진하기 위하여 필요한 보험시설을 설치·운영하는 것 등을 목적으로 한다.

이 법은 원칙적으로 근로자를 사용하는 모든 사업장에 적용한

4. 조세(세금)와 공과금(公課金)

다. 다만, 가구 내 고용활동, 농업·임업(벌목업은 제외한다)·어업·수렵업 중 법인 아닌 자의 사업으로서 상시근로자의 수가 5명 미만인 사업, 「주택법」에 따른 주택건설사업자·「건설산업기본법」에 따른 건설사업자·「전기공사업법」에 따른 공사업자·「정보통신공사업법」에 따른 정보통신공사업자·「소방시설공사업법」에 따른 소방시설업자 또는 「문화재 수리 등에 관한 법률」 제2조 제5호에 따른 문화재수리업자가 아닌 자가 시공하는 사업으로서 총공사금액이 2천만 원 미만인 공사와 연면적이 100제곱미터 이하인 건축물의 건축(연면적이 200제곱미터 이하인 건축물의 대수선)에 관한 공사, 상시근로자가 없는 사업의 경우에는 제외한다(법 제6조 및 시행령 제2조 참조).

산업재해보상보험료의 금액 및 그 보험료의 징수절차 등에 관하여는 「고용보험 및 산업재해보상보험의 보험료징수 등에 관한 법률」에서 규정한다. 보험료 징수업무의 수행기관은 근로복지공단이다.

라. 국민연금

국민연금법은 국민의 노령, 장애 또는 사망에 대하여 연금급여를 실시함으로써 국민의 생활 안정과 복지 증진에 이바지하는 것을 목적으로 한다.

국내에 거주하는 국민으로서 18세 이상 60세 미만인 자는 국

자영업자가 꼭 알아야 할 법률지식 및 사업자금 조달방법

민연금 가입 대상이 된다. 가입자는 사업장가입자, 지역가입자, 임의가입자 및 임의계속가입자로 구분한다. 1명 이상의 근로자를 고용하는 사업장의 18세 이상 60세 미만인 근로자와 사용자는 당연히 사업장가입자가 되며, 국민연금에 가입된 사업장에 종사하는 18세 미만 근로자는 사업장가입자가 되는 것으로 의제되지만 본인이 원하지 아니하면 사업장가입자에서 제외될 수 있다(법 제8조 참조).

사업장가입자의 사용자는 당연적용사업장에 해당된 사실, 사업장의 내용 변경 및 휴업·폐업 등에 관한 사항과 가입자 자격의 취득·상실, 가입자의 소득월액 등에 관한 사항을 국민연금공단에 신고하여야 한다(법 제21조 제1항).

5

고용관계 법령

1.「건설근로자의 고용개선 등에 관한 법률」

가. 법률에 관한 이해

 이 법은 건설업에 종사하는 근로자의 퇴직급여를 보장하는 것 등을 목적으로 특별히 제정된 법률이다. 퇴직급여를 보장하는 방법은 퇴직공제 제도이다. '퇴직공제(退職共濟)'라고 함은 사업주가 건설근로자를 피공제자로 하여 건설근로자공제회에 공제부금(共濟賦金)을 내고 그 피공제자가 건설업에서 퇴직하는 등의 경우에 건설근로자공제회가 퇴직공제금을 지급하는 것을 말한다 (법 제2조 제5호).

 이 법은 건설공제 외에도 고용주에게 고용관리책임자의 지정 및 신고의무(제5조), 고용에 관한 서류의 발급의무(제6조), 고용 관련 편의시설의 설치 등의 의무(제7조의2)를 부과한다. 다만, 이들 의무는 모든 건설사업장에 부과하는 것은 아니고 법이 정하는 일정 규모 이상의 사업자에게만 부여하는 의무이다.

5. 고용관계 법령

나. 가입 대상 사업자

제10조(퇴직공제의 가입) ① 「건설산업기본법」 제87조 제1항에 따른 건설공사와 대통령령으로 정하는 건설공사를 하는 사업주(사업이 여러 차례의 도급에 의하여 수행되는 경우에는 원수급인을 말한다)는 그 건설공사의 사업시작일부터 당연히 퇴직공제의 가입자가 된다. 이 경우 원수급인이 서면 계약으로 하수급인에게 공제부금의 납부를 인수(引受)하게 하는 경우로서 원수급인의 신청에 따라 공제회의 승인을 받은 경우에는 그 하수급인을 사업주로 본다.
④ 퇴직공제의 가입방법 및 가입절차 등에 관하여 필요한 사항은 고용노동부령으로 정한다.
⑤ 퇴직공제는 사업주가 건설업을 폐지한 날의 다음 날이나 그 사업주가 행하는 건설공사 완공일의 다음 날에 관계가 소멸한다.

건설산업기본법 제87조(건설근로자 퇴직공제제도의 시행) ① 대통령령으로 정하는 건설공사를 하는 건설업자는 「건설근로자의 고용개선 등에 관한 법률」에 따른 건설근로자 퇴직공제제도에 가입하여야 한다.

건설산업기본법 시행령 제83조(건설근로자퇴직공제 가입대상공사) ① 법

제87조 제1항에서 "대통령령으로 정하는 건설공사"란 다음 각 호의 어느 하나에 해당하는 공사를 말한다.
1. 국가 또는 지방자치단체가 발주하는 공사로서 공사예정금액(「국가를 당사자로 하는 계약에 관한 법률」 제21조에 따른 장기계속계약에 따라 연차별로 계약을 체결하는 공사의 경우에는 해당 공사의 예정금액을 말한다. 이하 제2호에서 같다)이 3억 원 이상인 공사
2. 국가 또는 지방자치단체가 출자 또는 출연한 법인이 발주하는 공사로서 공사예정금액이 3억 원 이상인 공사
2의2. 제2호에 따른 법인이 납입자본금의 50퍼센트 이상을 출자한 법인이 발주하는 공사로서 공사예정금액이 3억 원 이상인 공사
3. 「주택법」 제16조 제1항의 규정에 의한 사업계획의 승인을 얻어 건설하는 200호 이상인 공동주택의 건설공사
4. 「사회기반시설에 대한 민간투자법」에 따른 민간투자사업으로 시행되는 공사로서 공사예정금액이 3억 원 이상인 공사
5. 200호 이상의 공동주택(「건축법 시행령」에 따른 공동주택을 말한다)과 주거용 외의 용도가 복합된 건축물(다수의 건축물이 연결된 하나의 건축물을 포함한다)의 건설공사(「주택법」 제16조에 따라 사업계획의 승인을 받은 경우를 포함한다)

6. 「건축법 시행령」에 따른 일반업무시설 중 200실 이상인 오피스텔의 건설공사
7. 공사예정금액이 100억 원 이상인 건설공사

법 시행령 제6조(퇴직공제의 당연가입 대상) 법 제10조 제1항 전단에서 "대통령령으로 정하는 건설공사"란 「전기공사업법」에 따른 전기공사, 「정보통신공사업법」에 따른 정보통신공사, 「소방시설공사업법」에 따른 소방시설공사, 「문화재수리 등에 관한 법률」에 따른 문화재수리공사로서 다음 각 호의 어느 하나에 해당하는 공사를 말한다.

1. 국가나 지방자치단체가 발주하는 공사로서 공사예정금액(「국가를 당사자로 하는 계약에 관한 법률」 제21조에 따른 장기계속계약의 경우에는 해당 공사의 예정금액을 말한다. 이하 이 조에서 같이)이 3억 원 이상인 공사
2. 국가나 지방자치단체가 출자 또는 출연한 법인(해당 법인이 납입자본금의 5할 이상을 재출자한 법인을 포함한다)이 발주하는 공사로서 공사예정금액이 3억 원 이상인 공사
3. 「사회기반시설에 대한 민간투자법」 제2조 제5호에 따른 민간투자사업으로 시행되는 공사로서 공사예정금액이 3억 원 이상인 공사
4. 공사예정금액이 100억 원 이상인 공사

　법 제10조 제4항에서 규정하는 사항인 퇴직공제의 가입방법 및 가입절차 등에 관하여 필요한 사항은 법 시행규칙 제6조 내지 제8조에서 규정하였다.

다. 가입 사실의 신고

　법 제10조 제1항에 따라 당연히 퇴직공제의 가입자가 된 사업주는 그 건설공사의 사업시작일부터 14일 이내에 공제회에 퇴직공제 관계의 성립을 신고하여야 한다. 이 경우 사업주는 그가 운영하는 사업의 전부를 대상으로 하거나 사업장별로 구분하여 신고할 수 있다(법 제10조의4).

라. 피공제자의 범위

> **제11조(피공제자의 범위)** 퇴직공제에 가입된 사업 또는 사업장에 근무하는 건설근로자는 다음 각 호의 어느 하나에 해당하는 자를 제외하고는 그 퇴직공제의 피공제자가 된다.
> 1. 근로시간이 고용노동부령으로 정하는 기준 미만인 자
> 2. 고용형태, 고용기간 및 직종 등을 고려하여 대통령령으로 정하는 자

법 제11조 제1호에서 말하는 "고용노동부령으로 정하는 기준 미만인 자"란 1일의 소정근로시간이 4시간 미만이고 1주간의 소정근로시간이 15시간 미만인 근로자를 말한다(법 시행규칙 제12조).

법 제11조 제2호에서 "대통령령으로 정하는 자"라고 함은 "기간을 정하지 아니하고 고용된 상용근로자" 및 "1년 이상의 기간을 정하여 고용된 근로자"를 말한다.

마. 공제부금의 납부

제13조(공제부금의 납부) ① 퇴직공제에 가입한 사업주는 피공제자의 임금을 지급할 때마다 해당 피공제자의 근로일수(勤勞日數)에 상응하는 공제부금을 공제회에 내야 한다.
② 공제부금은 피공제자에게 지급할 퇴직공제금과 공제회의 사업 및 운영 등에 필요한 비용인 부가금으로 한다.
③ 공제부금의 금액과 납부 등에 필요한 사항은 대통령령으로 정한다.

법 시행령 제12조(공제부금) ① 법 제13조에 따라 공제가입사업주는 매달의 피공제자별 근로일수와 납부한 공제부금의 금액을 명시한 신고서(전자문서로 된 신고서를 포함한다)에 공제부금을

냈다는 것을 증명하는 서류(전자문서를 포함한다)를 첨부하여 다음 달 15일까지 공제회에 제출하여야 한다.

② 제1항에 따른 근로일수의 산정기준은 고용노동부령으로 정하며, 공제부금의 금액은 1일 1천 원 이상 5천원 이하의 범위에서 공제회가 고용노동부장관의 승인을 받아 정한다.

법 시행규칙 제16조(근로일수의 산정기준 등) ① 공제가입사업주는 시행령 제12조 제1항에 따라 다음 각 호를 기준으로 근로일수를 산정하여야 한다.

1. 1일에 「근로기준법」 제2조 제1항 제7호에 따른 소정근로시간을 근로하였을 경우 1일의 근로시간이 소정근로시간에 미달한 근로일의 경우에는 해당 근로시간을 합산하여 1일 소정근로시간에 달한 경우 근로일수 1일로 계산한다.

2. 고용기간 중 실제로 근로한 날을 근로일수를 산정하되, 당사자 사이에 약정한 유급휴일이 있는 경우에는 당사자 사이의 약정내용에 따를 것

법 시행규칙 제16조 제1항 제1호에서 인용한 "「근로기준법」 제2조 제1항 제7호에 따른 소정근로시간"은 같은 법 제50조, 제69조 본문 또는 「산업안전보건법」 제46조에 따른 근로시간의 범위에서 근로자와 사용자 사이에 정한 근로시간을 말한다.

「근로기준법」 제50조는 휴게시간을 제외하고 1주 40시간, 1일

8시간을 초과할 수 없다고 규정하였고, 같은 법 제69조 본문에서는 15세 이상 18세 미만인 자의 근로시간은 1일 7시간, 1주 40시간을 초과하지 못한다고 규정하였으며, 「산업안전보건법」 제46조는 유해하거나 위험한 작업으로서 같은 법 시행령으로 정하는 작업에 종사하는 근로자에게는 1일 6시간, 1주 34시간을 초과하여 근로하게 하지 못한다고 규정하였다.

2. 「고용상 연령차별금지 및 고령자고용촉진법」

가. 법률의 이해

이 법은 합리적인 이유 없이 연령을 이유로 하는 고용차별을 금지하고, 고령자(高齡者)가 그 능력에 맞는 직업을 가질 수 있도록 지원·촉진함으로써 고령자의 고용안정 등에 이바지하고자 한다. 이 법에서 "준고령자"는 50세 이상 55세 미만의 사람을, "고령자"는 55세 이상인 사람을 말한다.

나. 모집·채용 등에서의 연령차별 금지

제4조의4(모집·채용 등에서의 연령차별 금지) ① 사업주는 다음 각

자영업자가 꼭 알아야 할 법률지식 및 사업자금 조달방법

호의 분야에서 합리적인 이유 없이 연령을 이유로 근로자 또는 근로자가 되려는 자를 차별하여서는 아니 된다.
1. 모집·채용
2. 임금, 임금 외의 금품 지급 및 복리후생
3. 교육·훈련
4. 배치·전보·승진
5. 퇴직·해고

② 제1항을 적용할 때 합리적인 이유 없이 연령 외의 기준을 적용하여 특정 연령집단에 특히 불리한 결과를 초래하는 경우에는 연령차별로 본다.

사업주가 법 제4조의4 제1항 제1호를 위반하여 모집·채용에서 합리적인 이유 없이 연령을 이유로 차별하는 행위를 한 경우에는 법 제23조의3 제2항에 의하여 500만 원 이하의 벌금형으로 처벌되며, 이는 제23조의4의 규정에 의한 양벌규정으로 벌한다.

다. 정부의 고용개선 등 사업주 지원

제8조(사업주의 고령자 교육·훈련 및 직업환경 개선에 대한 지원) ①

5. 고용관계 법령

고용노동부장관은 사업주가 고령자의 고용촉진을 위하여 필요한 교육이나 직업훈련 등을 실시할 경우 그 비용의 전부 또는 일부를 지원할 수 있다.
② 고용노동부장관은 사업주가 고령자의 취업에 적합하도록 시설을 개선할 경우 그 비용의 전부 또는 일부를 지원할 수 있다.
③ 제1항과 제2항에 따른 지원금은 예산(「고용보험법」에 따른 고용보험기금을 포함한다. 이하 같다)에서 지급하되, 그 지급 기준 등에 관한 사항은 고용노동부장관이 정한다.

라. 사업주에 대한 세제지원 및 고용지원금 지급

제14조(고령자 고용촉진을 위한 세제지원) ① 사업주가 제12조에 따른 기준고용율을 초과하여 고령자를 추가로 고용하는 경우에는 「조세특례제한법」으로 정하는 바에 따라 조세를 감면한다.
② 고용노동부장관은 예산의 범위에서 다음 각 호의 구분에 따른 고용지원금을 지급할 수 있다.
  1. 고령자를 새로 고용하거나 다수의 고령자를 고용한 사업주 또는 고령자의 고용안정을 위하여 필요한 조치를 취한 사업주에게 일정 기간 지급하는 고용지원금

2. 사업주가 근로자 대표의 동의를 받아 일정 연령 이상까지 고용을 보장하는 조건으로 일정 연령, 근속시점 또는 임금액을 기준으로 임금을 감액하는 기준을 시행하는 경우에 그 제도의 적용을 받는 근로자에게 일정 기간 지급하는 고용지원금

3. 고령자와 준고령자의 고용안정 및 취업의 촉진 등을 목적으로 임금체계 개편, 직무 재설계(고령자나 준고령자에게 적합한 직무를 개발하고 설계하는 것을 말한다) 등에 관하여 전문가의 진단을 받는 사업주에게 지원하는 고용지원금

③ 제2항에 따른 고용지원금의 지급 기준 등에 관한 사항은 대통령령으로 정한다.

시행령 제11조(고용지원금의 지급기준 등) ① 법 제14조 제2항 제1호에 따른 고용지원금의 지급기준 등에 관하여는 「고용보험법 시행령」 제25조 및 제26조에서 정하는 바에 따른다.

② 법 제14조 제2항 제2호에 따른 고용지원금의 지급기준 등에 관하여는 「고용보험법 시행령」 제28조에서 정하는 바에 따른다.

③ 법 제14조 제2항 제3호에 따른 고용지원금의 지급기준 등에 관하여는 「고용보험법 시행령」 제33조에서 정하는 바에 따른다.

법 제12조에서는 "대통령령으로 정하는 수 이상의 근로자를 사용하는 사업주는 기준고용율 이상의 고령자를 고용하도록 노력하여야 한다."고 규정하였고, 법 시행령 제10조는 "법 제12조에 따라 기준고용율 이상의 고령자를 고용하도록 노력하여야 할 사업주는 상시 300명 이상의 근로자를 사용하는 사업장의 사업주로 한다."고 규정하였다. "기준고용율"이란 사업장에서 상시 사용하는 근로자를 기준으로 하여 사업주가 고령자의 고용촉진을 위하여 고용하여야 할 고령자의 비율로서 고령자의 현황과 고용 실태 등을 고려하여 사업의 종류별로 「법 시행령」 제3조에서 정하는 비율을 말한다(법 제2조 제5호).

「고용보험법 시행령」 제25조는 고령자 고용연장 지원금을, 제26조는 고용촉진 지원금을, 제28조는 임금피크제 지원금을, 제33조는 고용관리 진단 등 지원에 관하여 각각 규정하였다.

마. 근로자의 정년연장 등 관련 정부의 지원

고용노동부장관은 제21조에 따라 정년퇴직자를 재고용하거나 그 밖에 정년퇴직자의 고용안정에 필요한 조치를 하는 사업주에게 장려금 지급 등 필요한 지원을 할 수 있다(법 제21조의2).

사업주는 정년퇴직 등의 사유로 이직예정인 고령자의 구직활동을 지원하도록 노력하여야 한다. 고용노동부장관은 지원조치를 성실히 이행하는 사업주에 대하여 인건비, 장려금 지급 등 필요한 지원을 할 수 있다(법 제21조의3).

고용노동부장관은 정년연장에 따른 사업체의 인사와 임금 등에 대하여 상담, 자문, 그 밖에 필요한 협조와 지원을 하여야 한다(법 제22조).

3.「근로기준법」

가. 법률의 이해

이 법은 근로조건의 기준을 정하여 근로자를 보호하는 것을 주된 목적으로 한다. 이 법에서 적용하는 근로조건은 최소한의 기준이므로 이보다 낮은 기준을 적용할 수는 없다. 사용자는 근로자에 대하여 남녀의 성별, 국적·신앙 또는 사회적 신분을 이유로 근로조건에 대한 차별적 처우를 하지 못한다.

이 법은 근로관계법 중 가장 기본이 되는 법률로써 대부분 강행규정으로 되어 있어 법률과 그 위임에 따른 대통령령의 규정을 위반한 사업주에게는 가볍지 않은 형벌을 과하는 점도 그 특징이라고 할 수 있다.

나. 적용범위

제11조(적용범위) ① 이 법은 상시 5명 이상의 근로자를 사용하는 모든 사업 또는 사업장에 적용한다. 다만, 동거하는 친족만을 사용하는 사업 또는 사업장과 가사(家事) 사용인에 대하여는 적용하지 아니한다.
② 상시 4명 이하의 근로자를 사용하는 사업 또는 사업장에 대하여는 대통령령으로 정하는 바에 따라 이 법의 일부 규정을 적용할 수 있다.
③ 이 법을 적용하는 경우에 상시 사용하는 근로자 수를 산정하는 방법은 대통령령으로 정한다.
시행령 제7조의2(상시 사용하는 근로자 수의 산정방법) ① 법 제11조제3항에 따른 "상시 사용하는 근로자 수"는 해당 사업 또는 사업장에서 법 적용 사유(휴업수당 지급, 근로시간 적용 등 법 또는 이 영의 적용 여부를 판단하여야 하는 사유를 말한다. 이하 이 조에서 같다) 발생일 전 1개월(사업이 성립한 날부터 1개월 미만인 경우에는 그 사업이 성립한 날 이후의 기간을 말한다. 이하 '산정기간'이라 한다) 동안 사용한 근로자의 연인원을 같은 기간 중의 가동일수로 나누어 산정한다.
② 제1항에도 불구하고 다음 각 호의 구분에 따라 그 사업 또는

자영업자가 꼭 알아야 할 법률지식 및 사업자금 조달방법

사업장에 대하여 5명(법 제93조의 적용 여부를 판단하는 경우에는 10명을 말한다. 이하 이 조에서 "법 적용 사업 또는 사업장"이라 한다) 이상의 근로자를 사용하는 사업 또는 사업장(이하 이 조에서 "사업 또는 사업장"이라 한다)으로 보거나 법 적용 사업 또는 사업장으로 보지 않는다.
1. 법 적용 사업 또는 사업장으로 보는 경우 : 제1항에 따라 해당 사업 또는 사업장의 근로자 수를 산정한 결과 법 적용 사업 또는 사업장에 해당하지 않는 경우에도 산정기간에 속하는 일(日)별로 근로자 수를 파악하였을 때 법 적용 기준에 미달한 일수(日數)가 2분의 1 미만인 경우
2. 법 적용 사업 또는 사업장으로 보지 않는 경우 : 제1항에 따라 해당 사업 또는 사업장의 근로자 수를 산정한 결과 법 적용 사업 또는 사업장에 해당하는 경우에도 산정기간에 속하는 일별로 근로자 수를 파악하였을 때 법 적용 기준에 미달한 일수가 2분의 1 이상인 경우
③ 법 제60조부터 제62조까지의 규정(제60조 제2항에 따른 연차유급휴가에 관한 부분은 제외한다)의 적용 여부를 판단하는 경우에 해당 사업 또는 사업장에 대하여 제1항 및 제2항에 따라 월 단위로 근로자 수를 산정한 결과 법 적용 사유 발생일 전 1년 동안 계속하여 5명 이상의 근로자를 사용하는 사업 또는 사업장은 법 적용 사업 또는 사업장으로 본다.
④ 제1항의 연인원에는 「파견근로자보호 등에 관한 법률」 제2조

제5호에 따른 파견근로자를 제외한 다음 각 호의 근로자를 모두 포함한다.
1. 해당 사업 또는 사업장에서 사용하는 통상 근로자, 「기간제 및 단시간근로자 보호 등에 관한 법률」 제2조 제1호에 따른 기간제근로자, 법 제2조 제8호에 따른 단시간근로자 등 고용형태를 불문하고 하나의 사업 또는 사업장에서 근로하는 모든 근로자
2. 해당 사업 또는 사업장에 동거하는 친족과 함께 제1호에 해당하는 근로자가 1명이라도 있으면 동거하는 친족인 근로자

법 제11조 제2항의 규정에 의하여 상시 4명 이하의 근로자를 사용하는 사업 또는 사업장에 관하여 대통령령이 규정하는 사업장과 그 적용대상인 법의 조항은 다음 표와 같다(시행령 제7조 별표 1).

구 분	적용 법규정
제1장 총칙	제1조부터 제13조까지의 규정
제2장 근로계약	제15조, 제17조, 제18조, 제19조 제1항, 제20조부터 제22조까지, 제23조 제2항, 제26조, 제35조부터 제42조까지의 규정
제3장 임금	제43조부터 제45조까지, 제47조부터 제49조까지의

	규정
제4장 근로시간과 휴식	제54조, 제55조, 제63조
제5장 여성과 소년	제64조, 제65조 제1항·제3항(임산부와 18세 미만인 자로 한정한다), 제66조부터 제69조까지, 제70조 제2항·제3항, 제71조, 제72조, 제74조
제6장 안전과 보건	제76조
제8장 재해보상	제78조부터 제92조까지의 규정
제11장 근로감독관 등	제101조부터 제106조까지의 규정
제12장 벌칙	제107조부터 제116조까지의 규정(제1장부터 제6장까지, 제8장, 제11장의 규정 중 상시 4명 이하 근로자를 사용하는 사업 또는 사업장에 적용되는 규정을 위반한 경우로 한정한다)

다. 근로계약

1) 일반조건

이 법에서 정하는 기준에 미치지 못하는 근로조건을 정한 근로계약은 그 부분에 한하여는 무효로 하고, 무효로 된 부분은 이 법에 따른 기준에 의한다(법 제15조).

2) 근로조건

제17조(근로조건의 명시) ① 사용자는 근로계약을 체결할 때에 근로자에게 다음 각 호의 사항을 명시하여야 한다. 근로계약 체결 후 다음 각 호의 사항을 변경하는 경우에도 또한 같다.

  1. 임금
  2. 소정근로시간
  3. 제55조에 따른 휴일
  4. 제60조에 따른 연차 유급휴가
  5. 그 밖에 대통령령으로 정하는 근로조건

② 사용자는 제1항 제1호와 관련한 임금의 구성항목·계산방법·지급방법 및 제2호부터 제4호까지의 사항이 명시된 서면을 근로자에게 교부하여야 한다. 다만, 본문에 따른 사항이 단체협약 또는 취업규칙의 변경 등 대통령령으로 정하는 사유로 인하여 변경되는 경우에는 근로자의 요구가 있으면 그 근로자에게 교부하여야 한다.

시행령 제8조(명시하여야 할 근로조건) ① 법 제17조 전단에서 "그 밖에 대통령령으로 정하는 근로조건"이란 다음 각 호의 사항을 말한다.

  1. 취업의 장소와 종사하여야 할 업무에 관한 사항

자영업자가 꼭 알아야 할 법률지식 및 사업자금 조달방법

> 2. 법 제99조 제1호부터 제12호까지의 규정에서 정한 사항
> 3. 사업장의 부속 기숙사에 근로자를 기숙하게 하는 경우에는 기숙사 규칙에서 정한 사항
>
> **시행령 제8조의2(근로자의 요구에 따른 서면 교부)** 법 제17조 제2항 단서에서 "단체협약 또는 취업규칙의 변경 등 대통령령으로 정하는 사유로 인하여 변경되는 경우"란 다음 각 호의 사유를 말한다.
> 1. 법 제51조 제2항, 제52조, 제57조, 제58조 제2항·제3항, 제59조 또는 제62조에 따라 근로자대표와의 서면합의에 의하여 변경되는 경우
> 2. 법 제93조에 따른 취업규칙에 의하여 변경되는 경우
> 3. 「노동쟁의 및 노동관계조정법」 제31조 제1항에 따른 단체협약에 의하여 변경되는 경우
> 4. 법령에 의하여 변경되는 경우

「법 시행령」 제8조 제1항에서는 "법 제17조 전단에서 '그 밖에 대통령령으로 정하는 근로조건'이란 다음 각 호의 사항을 말한다."고 규정하였다. 이는 "법 제17조 제1항 제5호에서 그 밖에 대통령령으로 정하는 근로조건"이라고 표현하여야 할 것의 잘못된 표현이다. 그리고 시행령 제8조에는 제2항이 없으므로, 굳이 제1항을 만들 필요도 없었을 것이다. 법 제114조에서는 법 제1

7조를 위반하는 경우에는 벌금형으로 처벌한다고 규정하고 있으나, 이 시행령의 규정의 잘못(명확성의 원칙 위반)으로 인하여 처벌은 가능하지 않다고 보아야 한다.

법 제17조의 규정은 상시 4명 이하의 근로자를 사용하는 사업 또는 사업장에도 적용한다.

단시간근로자의 근로조건은 그 사업장의 같은 종류의 업무에 종사하는 통상 근로자의 근로시간을 기준으로 산정한 비율에 따라 결정되어야 한다. 이 경우 근로조건을 결정할 때에 기준이 되는 사항이나 그 밖에 필요한 사항은 대통령령으로 정한다(법 제18조 제1항·제2항). 여기의 "대통령령으로 정한다."고 한 사항은 시행령 제9조 제1항 별표 2에서 규정하였다.

4주 동안(4주 미만으로 근로하는 경우에는 그 기간)을 평균하여 1주 동안의 소정근로시간이 15시간 미만인 근로자에 대하여는 제55조와 제60조를 적용하지 아니한다(법 제18조 제3항). 제55조는 "휴일"에 관하여, 제60조는 "연차 유급휴가"에 관하여 각각 규정하였다.

제17조에 따라 명시된 근로조건이 사실과 다를 경우에 근로자는 근로조건 위반을 이유로 손해의 배상을 청구할 수 있으며 즉시 근로계약을 해제할 수 있다. 이에 따라 근로자가 손해배상을 청구할 경우에는 노동위원회에 신청할 수 있으며(법 제19조 제1항), 근로계약이 해제되었을 경우에는 사용자는 취업을 목적으로 거주지를 변경하는 근로자에게 귀향여비를 지급하여야 한다(법

제19조 제2항). 법 제19조 제1항은 상시 4인 이하의 근로자를 사용하는 사업장에도 적용한다.

3) 금지사항

사용자는 근로계약 불이행에 대한 위약금 또는 손해배상액을 예정하는 계약을 체결하지 못한다(법 제20조). 이는 상시 4인 이하의 근로자를 사용하는 사업장에도 적용한다.

사용자는 전차금(前借金)이나 그 밖에 근로할 것을 조건으로 하는 전대(前貸)채권과 임금을 상계하지 못한다(법 제21조). 이는 상시 4인 이하의 근로자를 사용하는 사업장에도 적용한다. "전차금"이라고 함은 근로계약을 체결함에 있어 임금에서 갚을 것을 조건으로 근로자가 사용자로부터 차입하는 금전을 말하고, "전대"도 유사한 의미이다. 이른바 "선불금(先拂金)"이 여기에 해당한다. "상계(相計)"는 서로 같은 종류의 채권·채무(여기에서는 금전 채권·채무)가 그 이행기에 있을 경우에 당사자 중 일방의 의사표시에 의하여 대등액의 채권과 채무를 소멸시키는 것을 말한다.

4) 해고의 제한

사용자는 근로자에게 정당한 이유 없이 해고, 휴직, 전직, 정직, 감봉, 그 밖의 징벌(懲罰)(이하 "부당해고등"이라 한다)을 하지 못한다(법 제23조 제1항).

사용자는 근로자가 업무상 부상 또는 질병의 요양을 위하여 휴업한 기간과 그 후 30일 동안 또는 산전(産前)·산후(産後)의 여성이 이 법에 따라 휴업한 기간과 그 후 30일 동안은 해고하지 못한다. 다만, 사용자가 제84조에 따라 일시보상을 하였을 경우 또는 사업을 계속할 수 없게 된 경우에는 그러하지 아니하다(법 제23조 제2항). 이 규정은 상시 4인 이하의 근로자를 사용하는 사업장에도 적용한다.

사용자가 경영상 이유에 의하여 근로자를 해고하려면 긴박한 경영상의 필요가 있어야 한다. 이 경우 경영악화를 방지하기 위한 사업의 양도·인수·합병은 긴박한 경영상의 필요가 있는 것으로 본다(법 제24조 제1항).

사용자는 근로자를 해고(경영상 이유에 의한 해고를 포함한다)를 하려면 적어도 30일 전에 예고를 하여야 하고, 30일 전에 예고를 하지 아니하였을 때에는 30일분 이상의 통상임금을 지급하여야 한다. 다만, 천재·사변, 그 밖의 부득이한 사유로 사업을 계속하는 것이 불가능한 경우 또는 근로자가 고의로 사업에 막대한 지장을 초래하거나 재산상 손해를 끼친 경우로서 고용노동부령으로 정하는 사유에 해당하는 경우에는 그러하지 아니하다(법 제26조). 이 규정은 모든 사업장에 적용한다. "통상임금"이란 근로자에게 정기적으로 지급되는 월급, 주급, 일급, 시간급 등을 총칭하는 말이다. 통상임금에는 기본급 외에 직무수당·직책수당·위험수당·기술수당·면허수당 등 사업주가 일률적으로 지급하는 수당은 포함되지만 연·월차수당이나 연장근로수당과 같이 근로실적에 따라 변동 지급되는 임금은 포함되지 않는다.

    사용자가 근로자를 해고하려는 경우에는 해고사유와 해고시기를 서면으로 통지하여야 효력이 있다(법 제27조).

5) 예고해고의 적용 예외

> **제35조(예고해고의 적용 예외)** 제26조는 다음 각 호의 어느 하나에 해당하는 근로자에게는 적용하지 아니한다.
> 1. 일용근로자로서 3개월을 계속 근무하지 아니한 자
> 2. 2개월 이내의 기간을 정하여 사용된 자
> 3. 월급근로자로서 6개월이 되지 못한 자
> 4. 계절적 업무에 6개월 이내의 기간을 정하여 사용된 자
> 5. 수습 사용 중인 근로자

    법 제35조는 상시 4인 이하의 근로자를 사용하는 사업 또는 사업장에 대하여도 적용한다.

6) 금품의 청산

사용자는 근로자가 사망 또는 퇴직한 경우에는 그 지급 사유가 발생한 때부터 14일 이내에 임금, 보상금, 그 밖에 일체의 금품을 지급하여야 한다. 다만, 특별한 사정이 있을 경우에는 당사자 사이의 합의에 의하여 기일을 연장할 수 있다(법 제36조). 이는 모든 사업장에 적용한다.

사용자는 제36조에 따라 지급하여야 하는 임금 및 「근로자 퇴직급여보장법」 제2조 제5호에 따른 급여(일시금만 해당된다)의 전부 또는 일부를 그 지급 사유가 발생한 날로부터 14일 이내에 지급하지 아니한 경우 그 다음 날부터 지급하는 날까지의 지연일수에 대하여 연 100분의 40 이내의 범위에서 「은행법」에 따른 은행이 적용하는 연체금리 등 경제 여건을 고려하여 대통령령으로 정하는 이율에 따른 지연이자를 지급하여야 한다. 이는 사용자가 천재·사변, 그 밖의 대통령령으로 정하는 사유에 따라 임금 지급을 지연하는 경우 그 사유가 존속하는 기간에 대하여는 적용하지 아니한다(법 제37조). 이 규정은 모든 사업장에 적용한다. "대통령령으로 정하는 이율"은 100분의 20을 말한다(시행령 제17조). "그 밖에 대통령령으로 정하는 사유"는 시행령 제18조에서 규정하였다.

라. 임금

1) 임금지급의 원칙

임금은 통화(通貨)로 직접 근로자에게 그 전액을 지급하여야 한다. 다만, 법령 또는 단체협약에 특별한 규정이 있는 경우에는 임금의 일부를 공제하거나 통화 이외의 것으로 지급할 수 있다. 임금은 매월 1회 이상 날짜를 정하여 지급하여야 한다. 다만, 임시로 지급하는 임금, 수당, 그 밖에 이에 준하는 것 또는 대통령령으로 정하는 임금에 대하여는 그러하지 아니하다(법 제43조). 이 규정은 모든 사업장에 적용한다. "대통령령으로 정하는 임금"에 관하여는 시행령 제23조에서 규정하였다.

2) 도급사업의 임금지급

사업이 여러 차례의 도급에 따라 행하여지는 경우에 하수급인 (下受給人)이 직상(直上) 수급인의 귀책사유로 근로자에게 임금을 지급하지 못한 경우에는 그 직상 수급인은 그 하수급인과 연대하여 책임을 진다. 다만, 직상 수급인의 귀책사유가 그 상위 수급인의 귀책사유에 의하여 발생한 경우에는 그 상위 수급인도 연대하여 책임을 진다. 귀책사유의 범위는 대통령령으로 정한다

(법 제44조). 이는 모든 사업장에 적용한다. 다만, 건설업의 경우에는 특례규정이 있다. "대통령령으로 정하는 귀책사유의 범위"는 시행령 제24조에서 규정한다.

3) 건설업의 특칙

건설업에서 사업이 2차례 이상「건설산업기본법」제2조 제11호에 따른 도급(이하 '공사도급'이라 한다)이 이루어진 경우에는 같은 법 제2조 제7호에 따른 건설업자가 아닌 하수급인이 그가 사용한 근로자에게 임금(해당 건설공사에서 발생한 임금으로 한정한다)을 지급하지 못한 경우에는 그 직상 수급인은 하수급인과 연대하여 하수급인이 사용한 근로자의 임금을 지급할 책임을 진다. 이 경우 직상 수급인이「건설산업기본법」제2조 제7호에 따른 건설업자가 아닌 때에는 그 상위 수급인 중에서 최하위의 같은 호에 따른 건설업자를 직상 수급인으로 본다(법 제44조의2). 이 규정도 모든 건설사업장에 적용한다.

4) 임금의 비상시 지급

사용자는 근로자가 출산, 질병, 재해, 그 밖에 대통령령으로 정하는 비상(非常)한 경우의 비용에 충당하기 위하여 임금 지급을 청구하면 지급기일 전이라도 이미 제공한 근로에 대한 임금

자영업자가 꼭 알아야 할 법률지식 및 사업자금 조달방법

을 지급하여야 한다(법 제45조). 이는 모든 사업장에 적용한다. "대통령령으로 정하는 비상한 경우"란 출산하거나 질병에 걸리거나 재해를 당한 경우, 혼인 또는 사망한 경우 및 부득이한 사유로 1주일 이상 귀향하게 되는 경우를 말한다(시행령 제25조).

5) 휴업수당

사용자의 귀책사유로 휴업하는 경우에 사용자는 휴업기간 동안 그 근로자에게 평균임금의 100분의 70 이상의 수당을 지급하여야 한다. 다만, 평균임금의 100분의 70에 해당하는 금액이 통상임금을 초과하는 경우에는 통상임금을 휴업수당으로 지급할 수 있다. 이상에도 불구하고 부득이한 사유로 사업을 계속하는 것이 불가능하여 노동위원회의 승인을 받은 경우에는 위 기준에 못 미치는 휴업수당을 지급할 수 있다(법 제46조).

"평균임금"은 이를 산정하여야 할 사유가 발생한 이전 3개월 동안에 그 근로자에게 지급된 임금의 총액을 그 기간의 총일수로 나눈 금액을 말한다. 근로자가 취업한 후 3개월 미만인 경우에도 같다.

마. 근로시간과 휴식

1) 근로시간

1주 간의 근로시간은 휴게시간을 제외하고 40시간을 초과할 수 없다. 1일의 근로시간은 휴게시간을 제외하고 8시간을 초과할 수 없다. 근로시간을 산정함에 있어 작업을 위하여 근로자가 사용자의 지휘·감독 아래에 있는 대기시간 등은 근로시간으로 본다(법 제50조).

사용자는 취업규칙(취업규칙에 준하는 것을 포함한다)에서 정하는 바에 따라 2주 이내의 일정한 단위기간을 평균하여 1주간의 근로시간이 제50조 제1항의 근로시간을 초과하지 아니하는 범위에서 특정한 주에 제50조 제1항의 근로시간을, 특정한 날에 제50조 제2항의 근로시간을 초과하여 근로하게 할 수 있다. 다만, 특정한 주의 근로시간은 48시간을 초과할 수 없다(법 제51조 제1항). 이는 15세 이상 18세 미만의 근로자와 임신 중인 여성 근로자에 대하여는 적용하지 아니한다(법 제51조 제3항).

당사자 간에 합의하면 1주 간에 12시간을 한도로 제50조의 근로시간을 연장할 수 있다. 당사자 간에 합의하면 1주 간에 12시간을 한도로 제51조의 근로시간을 연장할 수 있다(법 제53조 제1항·제2항).

2) 휴게·휴일·휴가·연장근로 등

사용자는 근로시간이 4시간인 경우에는 30분 이상, 8시간인 경우에는 1시간 이상의 휴게시간을 근로시간 도중에 주어야 한다. 휴게시간은 근로자가 자유롭게 이용할 수 있다(법 제54조). 이는 모든 사업장에 적용한다.

사용자는 근로자에게 1주일에 평균 1회 이상의 유급휴일을 주어야 한다(법 제55조). 이는 모든 사업장에 적용한다.

사용자는 연장근로(제53조·제59조 및 제69조 단서에 따라 연장된 시간의 근로)와 야간근로(오후 10시부터 오전 6시까지 사이의 근로) 또는 휴일근로에 대하여는 통상임금의 100분의 50 이상을 가산하여 지급하여야 한다(법 제56조).

3) 연차 유급휴가

사용자는 1년간 80퍼센트 이상 출근한 근로자에게 15일의 유급휴가를 주어야 한다(법 제60조 제1항). 사용자는 계속하여 근로한 기간이 1년 미만인 근로자 또는 1년간 80퍼센트 미만 출근한 근로자에게 1개월 개근 시 1일의 유급휴가를 주어야 한다(법 제60조 제2항). 사용자는 근로자의 최초 1년 간의 근로에 대하여 유급휴가를 주는 경우에는 제2항에 따른 휴가를 포함하여 15일로 하고, 근로자가 제2항에 따른 휴가를 이미 사용한 경우에는 그 사용한 휴가일수를 15일에서 뺀다(법 제60조 제3항). 사용자는 3년 이상 계속하여 근로한 근로자에게는 제1항에 따른 휴가에 최초 1년을 초과하는 계속근로 연수 매2년에 대하여 1일을 가산한 유급휴가를 주어야 한다. 이 경우 가산휴가를 포함한 총 휴가 일수는 25일을 한도로 한다(법 제60조 제4항). 제1항부터 제3항까지의 규정을 적용하는 경우 근로자가 업무상의 부상 또는 질병으로 휴업한 기간, 임신 중의 여성이 제74조 제1항부터 제3항까지의 규정에 따른 휴가로 휴업한 기간은 출근한 것으로 본다(법 제60조 제6항). 제1항부터 제4항까지의 규정에 따른 휴가는 1년간 행사하지 아니하면 소멸한다. 다만, 사용자의 귀책사유로 사용하지 못한 경우에는 그러하지 아니하다(법 제60조 제7항).

바. 여성과 소년의 보호

1) 최저연령·취직인허증

15세 미만인 자(「초·중등교육법」에 따른 중학교에 재학 중인 18세 미만인 자를 포함한다)는 근로자로 사용하지 못한다. 다만, 대통령령으로 정하는 기준에 따라 고용노동부장관이 발급한 취직인허증(就職認許證)을 지닌 자는 근로자로 고용할 수 있다(법

제64조 제1항). 제1항에 따른 취직인허증은 본인의 신청에 따라 의무교육에 지장이 없는 경우에는 직종(職種)을 지정하여서만 발행할 수 있다(법 64조 제2항).

2) 사용금지 대상

사용자는 임신 중이거나 산후 1년이 지나지 아니한 여성(이하 "임신부"라 한다)과 18세 미만자를 도덕상 또는 보건상 유해·위험한 사업에 사용하지 못한다(법 제65조 제1항). 사용자는 임산부가 아닌 18세 이상의 여성을 제1항에 따른 보건상 유해·위험한 사업 중 임신 또는 출산에 관한 기능에 유해·위험한 사업에 사용하지 못한다(법 65조 제2항). 제1항 및 제2항에 따른 금지 직종은 대통령령으로 정한다(법 제65조 제3항). "대통령령으로 정하는 금지되는 직종"은 시행령 제40조 별표 4에서 규정하였다.

3) 근로조건 등

15세 이상 18세 미만인 자의 근로시간은 1일에 7시간, 1주일에 40시간을 초과하지 못한다. 다만, 당사자 사이의 합의에 따라 1일에 1시간, 1주일에 6시간을 한도로 연장할 수 있다(법 제69조). 이는 모든 사업장에 적용한다.

5. 고용관계 법령

 사용자는 18세 이상의 여성을 오후 10시부터 오전 6시까지의 시간 및 휴일에 근로시키려면 그 근로자의 동의를 받아야 한다(법 제70조 제1항). 사용자는 임산부와 18세 미만자를 오후 10시부터 오전 6시까지의 시간 및 휴일에 근로시키지 못한다. 다만, 18세 미만자의 동의가 있는 경우, 산후 1년이 지나지 아니한 여성의 동의가 있는 경우, 임신 중의 여성이 명시적으로 청구하는 경우에 해당하는 경우로서 고용노동부장관의 인가를 받으면 그러하지 아니하다(법 제70조 제2항). 제70조 제2항의 규정은 모든 사업장에 적용한다.
 사용자는 산후 1년이 지나지 아니한 여성에 대하여는 단체협약이 있는 경우라도 1일에 2시간, 1주일에 6시간, 1년에 150시간을 초과하는 시간외근로를 시키지 못한다(법 제71조). 이는 모든 사업장에 적용한다.
 사용자는 여성 근로자가 청구하면 월 1일의 생리휴가를 주어야 한다(법 제73조).
 사용자는 임신 중의 여성에게 출산 전과 출산 후를 통하여 90일(한 번에 둘 이상 자녀를 임신한 경우에는 120일)의 출산전·후휴가를 주어야 한다. 이 경우 휴가 기간의 배정은 출산 후에 45일(한 번에 둘 이상 자녀를 임신한 경우에는 60일) 이상이 되어야 한다(법 제74조 제1항). 사용자는 임신 중인 여성 근로자가 유산의 경험 등 대통령령으로 정하는 사유로 제1항의 휴가를 청구하는 경우 출산 전 어느 때라도 휴가를 나누어 사용할 수

자영업자가 꼭 알아야 할 법률지식 및 사업자금 조달방법

있도록 하여야 한다. 이 경우 출산 후의 휴가 기간은 45일(한 번에 둘 이상 자녀를 임신한 경우에는 60일) 이상이 되어야 한다(법 제74조 제2항). 사용자는 임신 중인 여성이 유산 또는 사산한 경우로서 그 근로자가 청구하면 대통령령으로 정하는 바에 따라 유산·사산휴가를 주어야 한다. 다만, 인공 임신중절수술(「모자보건법」 제14조 제1항에 따른 경우에는 제외한다)에 따른 유산의 경우에는 그러하지 아니하다(법 제74조 제3항). 제1항부터 제3항까지의 규정에 따른 휴가 중 최초 60일(한 번에 둘 이상 자녀를 임신한 경우에는 75일)은 유급으로 한다. 다만, 「남녀고용평등과 일·가정 양립 지원에 관한 법률」 제18조에 따라 출산전·후휴가급여 등이 지급된 경우에는 그 금액의 한도에서 지급의 책임을 면한다(법 제74조 제4항). 사용자는 임신 중의 여성 근로자에게 시간외근로를 하게 하여서는 아니 되며, 그 근로자의 요구가 있는 경우에는 쉬운 종류의 근로로 전환하여야 한다(법 제75조 제5항). 사업주는 제1항의 출산전·후휴가 종료 후에는 휴가 전과 동일한 업무 또는 동등한 수준의 임금을 지급하는 직무에 복귀시켜야 한다(법 제74조 제6항). 사용자는 임신 후 12주 이내 또는 36주 이후에 있는 여성 근로자가 1일 2시간의 근로시간 단축을 신청하는 경우 이를 허용하여야 한다. 다만, 1일 근로시간이 8시간 미만인 근로자에 대하여는 1일 근로시간이 6시간이 되도록 근로시간 단축을 허용할 수 있다(법 제74조 제7항). 사용자는 제7항에 따른 근로시간 단축을 이유로 해당

근로자의 임금을 삭감하여서는 아니 된다(법 제74조 재8항). 제74조의 규정은 모든 사업장에 적용한다.

사용자는 임신한 여성 근로자가 「모자보건법」 제10조에 따른 임산부 정기건강진단을 받는데 필요한 시간을 청구하는 경우 이를 허용하여 주어야 한다. 이에 따른 건강진단의 시간을 이유로 그 근로자의 임금을 삭감하여서는 아니 된다(법 제74조의2).

생후 1년 미만의 유아(幼兒)를 가진 여성 근로자가 청구하면 1일 2회 각각 30분 이상의 유급 수유시간을 주어야 한다(법 제75조).

사. 적용의 배제

제63조(적용의 제외) 제4장과 제5장에서 정한 근로시간, 휴게와 휴일에 관한 규정은 다음 각 호의 어느 하나에 해당하는 근로자에 대하여는 적용하지 아니한다.
1. 토지의 경작·개간, 식물의 재식(栽植)·재배·채취 사업, 그 밖의 농림 사업
2. 동물의 사육, 수산동식물의 채포(採捕)·양식 사업, 그 밖의 축산, 양잠, 수산사업
3. 감시(監視) 또는 단속적(斷續的)으로 근로에 종사하는 자로서 사용자가 고용노동부장관의 승인을 받은 자

> 4. 대통령령으로 정하는 업무에 종사하는 근로자
>
> **시행령 제34조(근로시간 등의 적용제외 근로자)** 법 제63조 제4호에서 "대통령령으로 정하는 업무"란 사업의 종류에 관계없이 관리·감독 업무 또는 기밀을 취급하는 업무를 말한다.

　제63조의 규정에 의하여 같은 조 각 호에서 규정하는 근로자에게 적용이 배제되는 규정은 제50조부터 제62조까지, 제69조부터 제71조까지 및 제73조부터 제75조까지의 규정이다.

아. 재해보상

1) 요양보상

　근로자가 업무상 부상 또는 질병에 걸리면 사용자는 그 비용으로 필요한 요양을 행하거나 필요한 요양비를 부담하여야 한다. 이에 따른 업무상 질병과 요양의 범위 및 요양보상의 시기는 대통령령으로 정한다(제78조). 제78조의 규정은 상시 근로자의 수와 관계없이 모든 사업장에 적용한다. "업무상 질병과 요양의 범위 및 요양보상의 시기"에 관하여는 시행령 제44조 제1항 별표 5에서 규정한다.

2) 휴업보상

사용자는 제78조의 규정에 따라 요양 중에 있는 근로자에게 그 근로자의 요양 중 평균임금의 100분의 60의 휴업보상을 하여야 한다. 이 경우 휴업보상을 받을 기간에 그 보상을 받을 자가 임금의 일부를 지급받은 경우에는 사용자는 평균임금에서 그 지급받은 금액을 뺀 금액의 100분의 60의 휴업보상을 하여야 한다(제79조 제1항·제2항). 휴업보상은 매월 1회 이상 하여야 한다(제79조 제3항 및 시행령 제46조). 제79조의 규정은 모든 사업장에 적용한다.

근로자가 중대한 과실로 업무상 부상 또는 질병에 걸리고 또한 사용자가 그 과실에 대하여 노동위원회의 인정을 받으면 휴업보상이나 장해보상을 하지 아니하여도 된다(제81조).

3) 장해보상

근로자가 업무상 부상 또는 질병에 걸리고, 완치된 후 신체에 장해가 있으면 사용자는 그 장해의 정도에 따라 평균임금에 별표에서 정한 일수를 곱한 금액의 장해보상을 하여야 한다. 이미 신체에 장해가 있는 자가 부상 또는 질병으로 인하여 같은 부위에 장해가 더 심해진 경우에 그 장해에 대한 장해보상 금액은 장해 정도가 더 심해진 장해등급에 해당하는 장해보상의 일수에서 기존의 장해등급에 해당하는 장해보상의 일수를 뺀 일수에 보상청구사유 발생 당시의 평균임금을 곱하여 산정한 금액으로 한다(제80조 제1항·제2항). 장해보상을 하여야 하는 신체장해등급의 결정 기준과 장해보상의 시기는 대통령령으로 정한다(제80조 제3항). 제80조의 규정은 모든 사업장에 적용한다. "신체장해 등급의 결정기준"에 관하여는 시행령 제47조 별표 6에서 규정하였고, "장해보상"은 근로자의 질병 또는 부상이 완치된 후 지체 없이 지급하여야 한다(시행령 제51조 제1항).

근로자가 중대한 과실로 업무상 부상 또는 질병에 걸리고 또한 사용자가 그 과실에 대하여 노동위원회의 인정을 받으면 휴업보상이나 장해보상을 하지 아니하여도 된다(제81조).

4) 유족보상

근로자가 업무상 사망한 경우에는 사용자는 근로자가 사망한 후 지체없이 그 유족에게 평균임금 1,000일분의 보상을 하여야 한다(제82조 제1항). 이 경우 유족의 범위, 유족보상의 순위 및 보상을 받기로 확정된 자가 사망한 경우의 유족보상의 순위는 시행령 제48조에서 규정한다(법 제82조 제2항). 제82조의 규정은 모든 사업장에 적용한다.

5. 고용관계 법령

5) 장의비

근로자가 업무상 사망한 경우에는 사용자는 근로자가 사망한 후 지체 없이 평균임금 90일분의 장의비를 지급하여야 한다(제83조). 제83조의 규정은 모든 사업장에 적용한다.

6) 보상의 방법

제78조에 따라 보상을 받는 근로자가 요양을 시작한 지 2년이 지나도 부상 또는 질병이 완치되지 아니하는 경우에는 사용자는 그 근로자에게 평균임금 1,340일분의 일시보상을 하여 그 후의 이 법에 따른 모든 보상책임을 면할 수 있다(제84조). 제78조는 요양보상에 관하여 규정하였다.

사용자는 지급 능력이 있는 것을 증명하고 보상을 받는 자의 동의를 받으면 제80조, 제82조 또는 제84조에 따른 보상금을 1년에 걸쳐 분할보상을 할 수 있다(제85조). 제80조는 장해보상, 제82조는 유족보상, 제84조는 일시보상에 관하여 각각 규정하였다.

보상을 받을 권리는 퇴직으로 인하여 변경되지 아니하고, 양도나 압류하지 못한다(제86조).

보상을 받게 될 자가 동일한 사유에 대하여 민법이나 그 밖의 법령에 따라 이 법의 재해보상에 상당한 금품을 받으면 그 가액(價額)의 한도에서 사용자는 보상의 책임을 면한다(제87조). 제87조에서는 "그 밖의 법령"이라고 규정하였는바, 여기에 해당하는 대표적인 법령으로는 「산업재해보상보험법」이 있다.

이 법의 규정에 따른 재해보상청구권은 3년간 행사하지 아니하면 시효로 소멸한다(제92조). 임금의 소멸시효도 3년이다.

자. 취업규칙

1) 취업규칙의 작성·신고 의무

> 제93조(취업규칙의 작성·신고) 상시 10명 이상의 근로자를 사용하는 사용자는 다음 각 호의 사항에 관한 취업규칙을 작성하여 고용노동부장관에게 신고하여야 한다. 이를 변경하는 경우에도 또한 같다.
> 1. 업무의 시작과 종료 시각, 휴게시간, 휴일, 휴가 및 교대근로에 관한 사항
> 2. 임금의 결정·계산·지급 방법, 임금의 산정기간·지급시기 및 승급(昇級)에 관한 사항
> 3. 가족수당의 계산·지급 방법에 관한 사항
> 4. 퇴직에 관한 사항

5. 「근로자퇴직급여 보장법」 제4조에 따라 설정된 퇴직급여, 상여 및 최저임금에 관한 사항
6. 근로자의 식비, 작업 용품 등의 부담에 관한 사항
7. 근로자를 위한 교육시설에 관한 사항
8. 출산전후휴가·육아휴직 등 근로자의 모성 보호 및 일·가정 양립지원에 관한 사항
9. 안전과 보건에 관한 사항
10. 업무상과 업무 외의 재해부조(災害扶助)에 관한 사항
11. 표창과 제재에 관한 사항
12. 그 밖에 해당 사업 또는 사업장의 근로자 전체에 적용될 사항

2) 취업규칙의 작성·변경 절차

사용자는 취업규칙의 작성 또는 변경에 관하여 해당 사업 또는 사업장에 근로자의 과반수로 조직된 노동조합이 있는 경우에는 그 노동조합, 근로자의 과반수로 조직된 노동조합이 없는 경우에는 근로자의 과반수의 의견을 들어야 한다. 다만, 취업규칙을 근로자에게 불리하게 변경하는 경우에는 그 동의를 받아야 한다(제94조 제1항). 사용자는 제93조에 따라 취업규칙을 신고할 때에는 제1항의 의견을 적은 서면을 첨부하여야 한다(제94조

제2항).

3) 제재규정의 제한 및 위반의 효력

취업규칙에서 근로자에 대하여 감급(減給)의 제재를 정할 경우에 그 감액은 1회의 금액이 평균임금의 1일분의 2분의 1을, 총액이 1임금지급기의 임금총액의 10분의 1을 초과하지 못한다(제95조).

취업규칙에서 정한 기준에 미달하는 근로조건을 정한 근로계약은 그 부분에 관하여는 무효로 한다. 이 경우 무효로 된 부분은 취업규칙에 정한 기준에 따른다(제97조).

4. 「근로자퇴직급여 보장법」

가. 법률의 이해

이 법은 근로자 퇴직급여제도의 설정과 운영에 필요한 사항을 정함으로써 근로자의 안정적인 노후생활을 보장함에 이바지하고자 한다. 즉 근로자의 퇴직금 내지 퇴직연금의 보장에 그 주된 목적이 있다.

이 법에서 '급여'라고 함은 퇴직급여제도나 개인형 퇴직연금제도에 의하여 근로자에게 지급되는 연금 또는 일시금을 말한다. '퇴직급여제도'란 확정급여형 퇴직연금제도 및 확정기여형 퇴직연금제도를 말하며, 사업자는 이 중 어느 하나를 설정하여야 한다. '확정급여형 퇴직연금제도'란 급여의 수준이 사전에 결정되어 있는 퇴직연금제도를 말하고, '확정기여형 퇴직연금제도'란 급여의 지급을 위하여 사용자가 부담하여야 할 부담금의 수준이 사전에 결정되어 있는 퇴직연금제도를 말한다.

이 법은 근로자를 사용하는 모든 사업 또는 사업장에 적용한다. 다만, 동거하는 친족만을 사용하는 사업과 가구 내의 고용활동에는 적용하지 않는다.

나. 퇴직급여제도의 설정 등

1) 퇴직급여제도의 설정

사용자는 퇴직하는 근로자에게 급여를 지급하기 위하여 퇴직급여제도 중 하나 이상의 제도를 설정하여야 한다. 다만, 계속근로기간이 1년 미만인 근로자, 4주간을 평균하여 1주간의 소정근로시간이 15시간 미만인 근로자에 대하여는 그러하지 아니하다.

퇴직급여제도를 설정하는 경우에 하나의 사업에서 급여 및 부담금 산정방법의 적용 등에 관하여 차등을 두어서는 아니 된다.

사용자가 퇴직급여제도를 설정하거나 설정된 퇴직급여제도를 다른 종류의 퇴직급여제도로 변경하려는 경우에는 근로자의 과반수가 가입한 노동조합이 있는 경우에는 그 노동조합, 근로자의 과반수가 가입한 노동조합이 없는 경우에는 근로자 과반수(이하 "근로자대표"라 한다)의 동의를 받아야 한다. 이와 같이 설정되거나 변경된 퇴직급여제도의 내용을 변경하려는 경우에는 근로자대표의 의견을 들어야 한다. 다만, 근로자에게 불리하게 변경하려는 경우에는 근로자대표의 동의를 받아야 한다(제4조).

> 제6조(가입자에 대한 둘 이상의 퇴직연금제도 설정) ① 사용자가 가입자에 대하여 확정급여형 퇴직연금제도 및 확정기여형 퇴직연금제도를 함께 설정하는 경우 제15조 및 제20조 제1항에도 불구하고 확정급여형 퇴직연금제도의 급여 및 확정기여형 퇴직연급제도의 부담금 수준은 다음 각 호에 따른다.
> 1. 확정급여형 퇴직연금제도의 급여 : 제15조에 따른 급여 수준에 확정급여형퇴직연금규약으로 정하는 설정 비율을 곱한 금액
> 2. 확정기여형 퇴직연금제도의 부담금 : 제20조 제1항의 부담금의 부담 수준에 확정기여형 퇴직연금규약으로 정하는 설정 비율을 곱한 금액
> ② 사용자는 제1항 제1호 및 제2호에 따른 각각의 설정 비율

의 합이 1 이상이 되도록 퇴직연금규약을 정하여 퇴직연금제도를 설정하여야 한다.

퇴직연금제도의 급여를 받을 권리는 양도하거나 담보로 제공할 수 없다(제7조 제1항). 제1항에도 불구하고 가입자는 주택구입 등 대통령령으로 정하는 사유와 요건을 갖춘 경우에는 대통령령으로 정하는 한도에서 퇴직연금제도의 급여를 받을 권리를 담보로 제공할 수 있다. 이 경우 제26조에 따라 등록한 퇴직연금사업자는 제공된 급여를 담보로 한 대출이 이루어지도록 협조하여야 한다(제7조 제2항). 여기에서 '가입자'는 근로자를 말한다. "대통령령으로 정하는 사유와 요건" 및 "대통령령으로 정하는 한도"에 관하여는 시행령 제2조에서 규정하였다.

2) 퇴직금

퇴직연금제도를 설정하려는 사용자는 계속근로기간 1년에 대하여 30일분 이상의 평균임금을 퇴직금으로 퇴직 근로자에게 지급할 수 있는 제도를 설정하여야 한다(제8조 제1항). 제1항에도 불구하고 사용자는 주택구입 등 대통령령으로 정하는 사유로 근로자가 요구하는 경우에는 근로자가 퇴직하기 전에 해당 근로자의 계속근로기간에 대한 퇴직금을 미리 정산하여 지급할 수 있

자영업자가 꼭 알아야 할 법률지식 및 사업자금 조달방법

다. 이 경우 미리 정산하여 지급한 후의 퇴직금 산정을 위한 계속근로시간은 정산시점부터 새로 계산한다(제8조 제2항). "주택구입 등 대통령령으로 정하는 사유"는 시행령 제3조에서 규정하였다.

사용자는 근로자가 퇴직한 경우에는 그 지급사유가 발생한 날부터 14일 이내에 퇴직금을 지급하여야 한다. 다만, 특별한 사정이 있는 경우에는 당사자간의 협의에 따라 지급기일을 연장할 수 있다(제9조).

이 법에 따른 퇴직금을 받을 권리는 3년간 행사하지 아니하면 시효로 인하여 소멸한다(제10조).

제4조 제1항 본문 및 제5조에도 불구하고 사용자가 퇴직급여제도나 제25조 제1항에 따른 개인형 퇴직연금제도를 설정하지 아니한 경우에는 제8조 제1항에 따른 퇴직연금제도를 설정한 것으로 본다(제11조). 제25조는 10명 미만을 사용하는 사업에 대한 특례(개별 근로자의 동의나 요구에 따라 개인형 퇴직연금제도를 설정하는 내용)의 규정이다.

3) 퇴직급여의 우선변제

사용자에게 지급의무가 있는 퇴직금, 제15조에 따른 확정급여형 퇴직연금제도의 급여, 제20조 제3항에 따른 확정기여형 퇴직연금제도의 부담금 중 미납입 부담금 및 미납입 부담금에 대한

지연이자, 제25조 제2항 제4호에 따른 개인형 퇴직연금제도의 부담금 중 미납입 부담금 및 미납입 부담금에 대한 지연이자(이하 "퇴직급여등"이라 한다)는 사용자의 총재산에 대하여 질권 또는 저당권에 의하여 담보된 채권을 제외하고는 조세·공과금 및 다른 채권에 우선하여 변제되어야 한다. 다만, 질권 또는 저당권에 우선하는 조세·공과금에 대하여는 그러하지 아니하다(제12조 제1항). 제1항에도 불구하고 최종 3년간의 퇴직급여등은 사용자의 총재산에 대하여 질권 또는 저당권에 의하여 담보된 채권, 조세·공과금 및 다른 채권에 우선하여 변제되어야 한다(제12조 제2항). 퇴직급여 등 중 퇴직금, 제15조에 따른 확정급여형 퇴직연금제도의 급여는 계속근로기간 1년에 대하여 30일분의 평균임금으로 계산한 금액으로 한다(제12조 제3항). 퇴직급여등 중 제20조 제1항에 따른 확정기여형 퇴직연금제도의 부담금 및 제25조 제2항 제2호에 따른 개인형 퇴직연금제도의 부담금은 가입자의 연간 임금총액의 12분의 1에 해당하는 금액으로 계산한 금액으로 한다(제12조 제4항).

'질권(質權)'에 관하여는 민법 제329조부터 제355조에서, '저당권'에 관하여는 같은 법 제356조부터 제372조에서 각각 규정하였다.

다. 확정급여형 퇴직연금제도

제13조(확정급여형 퇴직연금제도의 설정) 확정급여형 퇴직연금제도를 설정하려는 사용자는 제4조 제3항 또는 제5조에 따라 근로자대표의 동의를 얻거나 의견을 들어 다음 각 호의 사항을 포함한 확정급여형 퇴직연금규약을 작성하여 고용노동부장관에게 신고하여야 한다.

1. 퇴직연금사업자 선정에 관한 사항
2. 가입자에 관한 사항
3. 가입기간에 관한 사항
4. 급여수준에 관한 사항
5. 급여 지급능력 확보에 관한 사항
6. 급여의 종류 및 수급요건 등에 관한 사항
7. 제28조에 따른 운용관리업무 및 제29조에 따른 자산관리업무의 수행을 내용으로 하는 계약의 체결 및 해지와 해지에 따른 계약의 이전(移轉)에 관한 사항
8. 운용현황의 통지에 관한 사항
9. 가입자의 퇴직 등 급여 지급 사유 발생과 급여의 지급절차에 관한 사항
10. 퇴직연금제도의 폐지·중단 사유 및 절차 등에 관한 사항

11. 그 밖에 확정급여형 퇴직연금제도의 운영을 위하여 대통령령으로 정하는 사항

제13조 제1호에서 말하는 '퇴직연금사업자'는 투자매매업자, 투자중개업자, 집합투자업자, 보험업자, 은행, 신용협동조합중앙회, 새마을금고중앙회, 근로복지공단 등으로서 고용노동부장관에게 등록한 사업자를 말한다(제26조 참조).

제13조 제3호에 따른 가입기간은 퇴직연금제도의 설정 이후 해당 사업에서 근로를 제공하는 기간으로 한다. 해당 퇴직연금제도의 설정 전에 해당 사업에서 제공한 근로기간에 대하여도 가입기간으로 할 수 있다. 이 경우 제8조 제2항에 따라 퇴직금을 미리 정산한 기간은 제외한다(제14조).

제13조 제4호의 급여 수준은 가입자의 퇴직일을 기준으로 산정한 일시금이 계속근로기간 1년에 대하여 30일분의 평균임금에 상당하는 금액 이상이 되도록 하여야 한다(제15조).

확정급여형 퇴직연금제도를 설정한 사용자가 급여 지급능력을 확보하기 위하여 적립금으로 적립하여야 할 금액에 관하여는 제16조에서 규정하고, 확정급여형 퇴직연금제도의 급여 종류는 연금 또는 일시금으로 하되, 수급요건은 제17조에서 규정한다.

라. 확정기여형 퇴직연금제도

제19조(확정기여형 퇴직연금제도의 설정) ① 확정기여형 퇴직연금제도를 설정하려는 사용자는 제4조 제3항 또는 제5조에 따라 근로자대표의 동의를 얻거나 의견을 들어 다음 각 호의 사항을 포함한 확정기여형 퇴직연금규약을 작성하여 고용노동부장관에게 신고하여야 한다.
1. 부담금의 부담에 관한 사항
2. 부담금의 납입에 관한 사항
3. 적립금의 운용에 관한 사항
4. 적립금의 운용방법 및 정보의 제공 등에 관한 사항
5. 적립금의 중도인출에 관한 사항
6. 제13조 제1호부터 제3호까지 및 제6호부터 제10호까지의 사항
7. 그 밖에 확정기여형 퇴직연금제도의 운영에 필요한 사항으로서 대통령령으로 정하는 사항

② 제1항에 따라 확정기여형 퇴직연금제도를 설정하는 경우 가입기간에 관하여는 제14조를, 급여의 종류, 수급요건과 급여 지급의 절차·방법에 관하여는 제17조 제1항, 제4항 및 제5항을, 운용현황의 통지에 관하여는 제18조를 준용한다. 이 경우

제14조 제2항 중 "제13조 제3호"는 "제19조 제6호"로, 제17조 제1항 중 "확정급여형 퇴직연금제도"는 "확정기여형 퇴직연금제도"로 본다.

확정기여형 퇴직연금제도를 설정한 사용자는 가입자의 연간 임금총액의 12분의 1 이상에 해당하는 부담금을 현금으로 가입자의 확정기여형 퇴직연금제도 계정에 납입하여야 한다(제20조 제1항). 가입자는 제1항에 따라 사용자가 부담하는 부담금 외에 스스로 부담하는 추가 부담금을 가입자의 확정기여형 퇴직연금 계정에 납입할 수 있다(제20조 제2항). 사용자는 매년 1회 이상 정기적으로 제1항에 따른 부담금을 가입자의 확정기여형 퇴직연금제도 계정에 납입하여야 한다. 이 경우 사용자가 정하여진 기일(확정기여형 퇴직연금규약에서 납입 기일을 연장할 수 있도록 한 경우에는 그 연장된 기일)까지 부담금을 납입하지 아니한 경우 그 다음 날부터 부담금을 납입한 날까지 지연 일수에 대하여 연 100분의 40 이내의 범위에서 「은행법」에 따른 은행이 적용하는 연체금리, 경제적 여건 등을 고려하여 대통령령으로 정하는 이율에 따른 지연이자를 납입하여야 한다(제20조 제3항).

확정기여형 퇴직연금제도의 가입자는 적립금의 운용방법을 스스로 선정할 수 있고, 반기마다 1회 이상 적립금의 운용방법을 변경할 수 있다. 퇴직연금사업자는 반기마다 1회 이상 위험과 수익구조가 서로 다른 세 가지 이상의 적립금 운용방법을 제시하여야 한다(제21조 제1항·제2항).

확정기여형 퇴직연금제도에 가입한 근로자는 주택구입 등 대통령령으로 정하는 사유가 발생하면 적립금을 중도인출할 수 있다(제22조). "대통령령으로 정하는 사유"란 시행령 제2조 제1항 각호에서 규정하는 사유를 말한다(시행령 제14조).

마. 개인형 퇴직연금제도

> 제24조(개인형 퇴직연금제도의 설정 및 운영 등) ① 퇴직연금사업자는 개인형 퇴직연금제도를 운영할 수 있다.
> ② 다음 각 호의 어느 하나에 해당하는 사람은 개인형 퇴직연금제도를 설정할 수 있다.
>   1. 퇴직급여제도의 일시금을 수령한 사람
>   2. 확정급여형 퇴직연금제도 또는 확정기여형 퇴직연금제도의 가입자로서 자기의 부담으로 개인형 퇴직연금제도를 추가로 설정하려는 사람
>   3. 자영업자 등 안정적인 노후소득 확보가 필요한 사람으로서 대통령령으로 정하는 사람
> ③ 제2항에 따라 개인형 퇴직연금제도를 설정한 사람은 자기의 부담으로 개인형 퇴직연금제도의 부담금을 납입한다. 다만, 대통령령으로 정하는 한도를 초과하여 부담금을 납입할 수 없다.

5. 고용관계 법령

'개인형 퇴직연금제도'는 가입자의 선택에 따라 가입자가 납입한 일시금이나 사용자 또는 가입자가 납입한 부담금을 직접 운용하기 위하여 설정한 퇴직연금제도로서 급여의 수준이나 부담금의 수준이 확정되지 아니한 퇴직연금제도를 말한다.

상시 10명 미만의 근로자를 사용하는 사업의 경우 제4조 제1항 및 제5조에도 불구하고 사용자가 개별 근로자의 동의를 받거나 근로자의 요구에 따라 개인형 퇴직연금제도를 설정하는 경우에는 해당 근로자에 대하여 퇴직급여제도를 설정한 것으로 본다(제25조 제1항). 이는 소형 사업장에 대한 특례규정이다.

법 제24조 제2항 제3호에서 말하는 "자영업자 등 안정적인 노후소득 확보가 필요한 사람으로서 대통령령으로 정하는 사람"에 관하여는 시행령이 침묵하였다. 이는 입법의 불비로 보인다.

법 제24조 제3항 단서에서 "대통령령으로 정하는 한도"란 이전 사업에서 받은 퇴직급여제도의 일시금 등을 제외한 금액으로 연간 1천200만 원(개인형 퇴직연금제도의 계정이 여러 개인 경우에는 부담금의 합계액)을 말한다.

5. 「남녀고용평등과 일·가정 양립 지원에 관한 법률」

가. 법률의 이해

이 법은 「대한민국헌법」의 평등이념에 따라 고용에서 남녀의 평등한 기회와 대우를 보장하고, 모성 보호와 여성 고용을 촉진하여 남녀고용 평등을 실현함과 아울러 근로자의 일과 가정의 양립을 지원하는 것 등을 목적으로 한다.

이 법은 근로자를 사용하는 모든 사업 또는 사업장에 적용한다. 다만, 동거하는 친족만으로 이루어지는 사업 또는 사업장과 가사사용인에 대하여는 이 법의 전부를 적용하지 아니하고, 상시 5명 미만의 근로자를 고용하는 사업에 대하여는 법 제8조부터 제10조까지 및 제11조 제1항을 적용하지 아니한다(법 제3조 제1항 및 시행령 제2조).

이 법의 많은 규정은 강행규정이며, 사업주가 이를 위반하는 경우에는 형사상의 처벌을 하도록 규정하였다.

나. 남녀의 평등한 기회 보장 및 대우

사업주는 근로자를 모집하거나 채용할 때 남녀를 차별하여서는 아니 된다. 사업주는 여성 근로자를 모집·채용할 때 그 직무의 수행에 필요하지 아니한 용모·키·체중 등의 신체적 조건, 미혼 조건, 그 밖에 고용노동부령으로 정하는 조건을 제시하거나 요구하여서는 아니 된다(제7조). "고용노동부령으로 정하는 조건"은 존재하지 않는다. "차별"이란 사업주가 근로자에게 성별, 혼인, 가족 안에서의 지위, 임신 또는 출산 등의 사유로 합리적인 이유 없이 채용 또는 근로의 조건을 다르게 하거나 그 밖의 불리한 조치를 하는 경우를 말한다. 이 경우 사업주가 채용조건이나 근로조건은 동일하게 적용하더라도 그 조건을 충족할 수 있는 남성 또는 여성이 다른 한 성(性)에 비하여 현저히 적고 그에 따라 특정 성에게 불리한 결과를 초래하며 그 조건이 정당한 것임을 증명할 수 없는 경우를 포함한다. 다만, 직무의 성격에 비추어 특정 성이 불가피하게 요구되는 경우, 여성 근로자의 임신·출산·수유 등 모성 보호를 위한 조치를 하는 경우 및 그 밖에 이 법 또는 다른 법률에 따라 적극적 고용개선조치를 하는 경우에는 예외로 한다.

　사업주는 동일한 사업 내의 동일 가치 노동에 대하여는 동일한 임금을 지급하여야 한다. 사업주가 임금차별을 목적으로 설립한 별개의 사업은 동일한 사업으로 본다(제8조 제1항·제3항).

　사업주는 임금 외에 근로자의 생활을 보조하기 위한 금품의 지급 또는 자금의 융자 등 복리후생에서 남녀를 차별하여서는 아니 된다(제9조).

사업주는 근로자의 교육·배치 및 승진에서 남녀를 차별하여서는 아니 된다(제10조).

사업주는 근로자의 정년·퇴직 및 해고에서 남녀를 차별하여서는 아니 된다. 사업주는 여성 근로자의 혼인, 임신 또는 출산을 퇴직 사유로 예정하는 근로계약을 체결하여서는 아니 된다(제11조).

다. 직장 내 성희롱의 금지 및 예방

사업주는 직장 내 성희롱을 예방하고 근로자가 안전한 근로환경에서 일할 수 있는 여건을 조성하기 위하여 직장 내 성희롱의 예방을 위한 교육을 실시하여야 한다(제13조 제1항). "직장 내 성희롱"이라고 함은 사업주·상급자 또는 근로자가 직장 내의 지위를 이용하거나 업무와 관련하여 다른 근로자에게 성적 언동 등으로 성적 굴욕감 또는 혐오감을 느끼게 하거나 성적 언동 또는 그 밖의 요구 등에 따르지 아니하였다는 이유로 고용에서 불이익을 주는 것을 말한다.

사업주는 직장 내 성희롱 발생이 확인된 경우 지체 없이 행위자에 대하여 징계나 그 밖에 이에 준하는 조치를 하여야 한다. 사업주는 직장 내 성희롱과 관련하여 피해를 입은 근로자 또는 성희롱 피해 발생을 주장하는 근로자에게 해고나 그 밖의 불리한 조치를 하여서는 아니 된다(제14조).

사업주는 고객 등 업무와 밀접한 관련이 있는 자가 업무 수행 과정에서 성적인 언동 등을 통하여 근로자에게 성적 굴욕감 또는 혐오감 등을 느끼게 하여 해당 근로자가 그로 인한 고충 해소를 요청할 경우 근무 장소 변경, 배치전환 등 가능한 조치를 취하도록 노력하여야 한다(제14조의2 제1항).

라. 출산전후휴가에 대한 지원

국가는 「근로기준법」 제74조에 따른 출산전·후휴가 또는 유산·사산휴가를 사용한 근로자 중 일정한 요건에 해당하는 자에게 그 휴가기간에 대하여 통상임금에 상당하는 금액(이하 "출산전후휴가급여등'이라 한다)을 지급할 수 있다. 이에 따라 지급된 출산전후휴가급여등은 그 금액의 한도에서 「근로기준법」 제74조 제4항에 따라 사업주가 지급한 것으로 본다(제18조 제1항·제2항).

여성 근로자가 출산전후휴가급여등을 받으려는 경우 사업주는 관계서류의 작성·확인 등 모든 절차에 적극 협력하여야 한다. 출산전후휴가급여등의 지급요건, 지급기간 및 절차 등에 관하여 필요한 사항은 따로 법률로 정한다(제18조 제4항·제5항). 여기에서 따로 정한다고 하는 법률은 「고용보험법」을 말한다.

마. 배우자 출산휴가

사업주는 근로자가 배우자의 출산을 이유로 휴가를 청구하는 경우에 5일의 범위에서 3일 이상의 휴가를 주어야 한다. 이 경우 사용한 휴가기간 중 최초 3일은 유급으로 한다. 이 휴가는 근로자의 배우자가 출산한 날부터 30일이 지나면 청구할 수 없다(제18조의2).

바. 일·가정의 양립 지원

1) 육아휴직

사업주는 근로자가 만 8세 이하 또는 초등학교 2학년 이하의 자녀(입양한 자녀를 포함한다)를 양육하기 위하여 휴직(이하 "육아휴직"이라 한다)을 신청하는 경우에 이를 허용하여야 한다. 다만, 대통령령으로 정하는 경우에는 그러하지 아니하다(제19조 제1항). 사업주가 육아휴직을 허용하지 아니할 수 있는 경우는 시행령 제10조에서 규정하였다.

육아휴직의 기간은 1년 이내로 한다(제19조 제2항). 사업주는 육아휴직을 이유로 해고나 그 밖의 불리한 처우를 하여서는 아니 되며, 육아휴직 기간에는 그 근로자를 해고하지 못한다. 다만, 사업을 계속할 수 없는 경우에는 그러하지 아니하다. 사업주

5. 고용관계 법령

는 육아휴직을 마친 후에는 휴직 전과 같은 업무 또는 같은 수준의 임금을 지급하는 직무에 복귀시켜야 한다. 또한 육아휴직 기간은 근속기간에 포함한다(제19조 제3항·제4항).

2) 육아기 근로시간 단축

사업주는 제19조 제1항에 따라 육아휴직을 신청할 수 있는 근로자가 육아휴직 대신 근로시간의 단축(이하 "육아기 근로시간 단축"이라 한다)을 신청하는 경우에 이를 허용하여야 한다. 다만, 대체인력 채용이 불가능한 경우, 정상적인 사업운영에 중대한 지장을 초래하는 경우 등 대통령령으로 정하는 경우에는 그러하지 아니하다(제19조의2 제1항). "대통령령이 정하는 경우"는 시행령 제15조의2에서 규정한다.

제1항 단서에 따라 사업주가 육아기 근로시간 단축을 허용하지 아니하는 경우에는 해당 근로자에게 그 사유를 서면으로 통보하고 육아휴직을 시행하게 하거나 그 밖의 조치를 통하여 지원할 수 있는 지를 해당 근로자와 협의하여야 한다(제19조의2 제2항). 사업주가 제1항에 따라 해당 근로자에게 육아기 근로시간 단축을 허용하는 경우 단축 후 근로시간은 주당 15시간 이상이어야 하고 30시간을 넘어서는 아니 된다. 육아기 근로시간 단축의 기간은 1년 이내로 한다(제19조의2 제3항·제4항).

사업주는 근로자의 육아기 근로시간 단축기간이 끝난 후에 그 근로자를 육아기 근로시간 단축 전과 같은 업무 또는 같은 수준의 임금을 지급하는 직무에 복귀시켜야 한다(제19조의2 제6항).

3) 직장복귀를 위한 사업주의 지원

국가는 사업주가 근로자에게 육아휴직이나 육아기 근로시간 단축을 허용한 경우 그 근로자의 생계비용과 사업주의 고용유지비용의 일부를 지원할 수 있다. 국가는 소속 근로자의 일·가정의 양립을 지원하기 위한 조치를 도입하는 사업주에게 세제 및 재정을 통한 지원을 할 수 있다(제20조).

4) 국가의 지원제도

일·가정 양립을 위한 국가의 지원제도로써 이 법이 규정하는 것으로는 직장어린이집 설치 및 지원 등(제21조), 그 밖의 보육 관련 지원(제21조의2), 근로자의 가족 돌봄 등을 위한 지원(제22조의2), 일·가정 양립지원 기반 조성(제22조의3)이 있다.

5. 고용관계 법령

6. 「산업안전보건법」

가. 법률의 이해

이 법은 산업안전·보건에 관한 기준을 확립하고 그 책임소재를 명확히 하여 산업재해를 예방하고, 쾌적한 작업환경을 조성함으로써 근로자의 안전과 보건을 유지·증진하는 것 등을 목적으로 한다.

이 법은 원칙적으로 모든 사업 또는 사업장에 적용한다. 다만, 유해·위험의 정도, 사업의 종류·규모 및 사업의 소재지 등을 고려하여 대통령령으로 정하는 사업에는 이 법의 전부 또는 일부를 적용하지 아니할 수 있다. "대통령령으로 정하는 사업"에 관하여는 시행령 별표 1에서 규정한다.

이 법의 규정 중 사업주의 의무사항을 규정한 많은 사항들을 위반하는 경우에는 무거운 형벌·과징금 및 과태료의 제재를 과하는 것도 특징이며, 이들 규정을 위반함으로써 사업주가 제재를 받은 경우에는 그 신고자에게는 「공익신고자 보호법」의 규정에 따라 국민권익위원회가 '보상금'을 지급한다.

나. 사업주의 기본적 의무

1) 산업재해 발생의 기록 및 보고의무

사업주는 산업재해가 발생하였을 때에는 고용노동부령으로 정하는 바에 따라 재해발생원인 등을 기록·보존하여야 한다(제10조 제1항). 재해발생 시 사업주가 기록·보존하여야 할 사항에 관하여는 시행규칙 제4조의2에서 규정하였다. "산업재해"란 근로자가 업무에 관계되는 건설물·설비·원재료·가스·증기·분진(粉塵) 등에 의하거나 작업 또는 그 밖의 업무로 인하여 사망 또는 부상하거나 질병에 걸리는 것을 말한다.

사업주는 제10조 제1항에 따라 기록한 산업재해 중 고용노동부령으로 정하는 산업재해에 대하여는 그 발생 개요·원인 및 보고 시기, 재발방지 계획 등을 고용노동부령으로 정하는 바에 따라 고용노동부장관에게 보고하여야 한다(제10조 제2항). 이와 관련한 고용노동부령으로 정하는 산업재해 및 보고 등과 관련한 사항 등은 시행규칙 제4조에서 규정하였다.

2) 법령요지의 게시 및 안전·보건 표지의 부착의무

사업주는 이 법과 이 법에 따른 명령의 요지를 상시 각 작업장 내에 근로자가 쉽게 볼 수 있는 장소에 게시하거나 갖추어 두어 근로자로 하여금 알게 하여야 한다(제11조 제1항).

사업주는 사업장의 유해하거나 위험한 시설 및 장소에 대한 경고, 비상시 조치에 대한 안내, 그 밖에 안전의식의 고취를 위하여 고용노동부령으로 정하는 바에 따라 안전·보건표지를 설치하거나 부착하여야 한다. 이 경우 「외국인근로자의 고용 등에 관한 법률」 제2조에 다른 외국인근로자를 채용한 사업주는 고용노동부장관이 정하는 바에 따라 외국어로 된 안전·보건표지와 작업안전수칙을 부착하도록 노력하여야 한다(제12조). 안전·보건표지의 설치 등에 관한 사항은 시행규칙 제7조에서 규정한다.

다. 안전·보건 관리체계

사업주는 사업장에 제13조 제1항 각 호에서 규정하는 사항을 총괄관리하게 하기 위하여 안전보건관리책임자(이하 "안전관리책임자"라 한다)를 두어야 한다. 안전관리책임자는 안전관리자와 보건관리자를 지휘·감독한다. 안전관리책임자를 두어야 할 사업의 종류·규모, 관리책임자의 자격, 그 밖에 필요한 사항은 시행령 제9조에서 규정한다(제13조).

사업주는 사업장의 관리감독자(경영조직에서 생산과 관련되는 업무와 그 소속 직원을 직접 지휘·감독하는 부서의 장 또는 그 직위를 담당하는 자를 달한다. 이하 같다)로 하여금 직무와 관련된 안전·보건에 관한 업무로서 안전·보건점검 등 대통령령으로 정하는 업무를 수행하도록 하여야 한다. 다만, 위험 방지가 특히 필요한 작업으로서 대통령령으로 정하는 작업에 대하여는 소속 직원에 대한 특별교육 등 대통령령으로 정하는 안전·보건에 관한 업무를 추가로 수행하도록 하여야 한다(제14조 제1항). 제14조 제1항 본문에서 "대통령령으로 정하는 업무"란 시행령 제10조 제1항에서 규정하는 업무를 말하고, 같은 조 제1항 단서에서 "대통령령으로 정하는 작업"이란 시행령 별표 2에서 규정하는 작업을 말한다.

제14조 제1항에 따른 관리감독자가 있는 경우에는 「건설기술진흥법」 제64조 제1항 제2호에 따른 안전관리책임자 및 같은 항 제3호에 따른 안전관리담당자를 각각 둔 것으로 본다(제14조 제2항).

사업자는 사업장에 안전관리자를 두어 제13조 제1항 각 호의 사항 중 안전에 관한 기술적인 사항에 관하여 사업주 또는 관리책임자를 보좌하고 관리감독자에게 조언·지도하는 업무를 수행하게 하여야 한다(제15조 제1항). 안전관리자를 두어야 할 사업의 종류·규모, 안전관리자의 수·자격·업무·권한·선임방법, 그 밖에 필요한 사항은 시행령 제13조에서 규정한다(법 제15조 제2항).

사업주는 사업장에 보건관리자를 두어 제13조 제1항 각 호의 사항 중 보건에 관한 기술적인 사항에 관하여 사업주 또는 관리책임자를 보좌하고 관리감독자에게 조언·지도하는 업무를 수행하게 하여야 한다(제16조 제1항). 보건관리자를 두어야 할 사업의 종류·규모, 보건관리자의 수·자격·업무·권한·선임방법, 그 밖에 필요한 사항은 시행령 제16조에서 규정한다(법 제16조 제2항).

라. 안전·보건 관리규정

제20조(안전보건관리규정의 작성 등) ① 사업주는 사업장의 안전·보건을 유지하기 위하여 다음 각 호의 사항이 포함된 안전보건관리규정을 작성하여 각 사업장에 게시하거나 갖춰 두고, 이를 근로자에게 알려야 한다.
  1. 안전·보건 관리조직과 그 직무에 관한 사항
  2. 안전·보건교육에 관한 사항
  3. 작업장 안전관리에 관한 사항
  4. 작업장 보건관리에 관한 사항
  5. 사고 조사 및 대책 수립에 관한 사항
  6. 그 밖에 안전·보건에 관한 사항
② 제1항의 안전보건관리규정은 해당 사업장에 적용되는 단체협약 및 취업규칙에 반할 수 없다. 이 경우 안전보건관리규정 중 단체협약 또는 취업규칙에 반하는 부분에 관하여는 그 단

체협약 또는 취업규칙으로 정한 기준에 따른다.
③ 안전보건관리규정을 작성하여야 할 사업의 종류·규모와 안전보건관리규정에 포함되어야 할 세부적인 내용 등에 관하여 필요한 사항은 고용노동부령으로 정한다.

제20조 제3항의 규정에 의하여 안전보건관리규정을 작성하여야 할 사업 등에 관한 세부적인 사항은 시행규칙 제26조에서 규정하였다.

마. 유해·위험 예방조치

안전조치에 관하여는 제23조에서, 보건조치에 관하여는 제24조에서, 근로자의 준수사항에 관하여는 제25조에서, 작업 중지 등에 관하여는 제26조에서, 유해작업 도급금지에 관하여는 제28조에서, 도급사업 시의 안전·보건조치에 관하여는 제29조에서, 안전·보건교육에 관하여는 제31조에서, 건설업 기초안전보건교육에 관하여는 제31조의2에서, 유해하거나 위험한 기계·기구 등의 방호조치 등에 관하여는 제33조에서, 석면해체·제거 작업기준의 준수에 관하여는 제38조의3에서 각각 규정하였다.

바. 근로자의 보건관리

제42조에서는 사업주의 작업환경측정의무 등에 관하여, 제43조에서는 건강진단에 관하여, 제44조는 건강관리수첩에 관하여, 제45조에서는 질병자의 근로 금지·제한에 관하여, 제46조에서는 근로시간 연장의 제한에 관하여, 제47조에서는 작업 등에 의한 취업제한에 관하여 각각 규정하였다.

7. 「외국인근로자의 고용 등에 관한 법률」

가. 법률의 이해

이 법은 외국인근로자를 체계적으로 도입·관리함으로써 원활한 인력수급을 도모함과 아울러 외국인근로자를 보호하는 것 등을 목적으로 한다.

"외국인근로자"란 대한민국의 국적을 가지지 아니한 사람으로서 국내에 소재하고 있는 사업 또는 사업장에서 임금을 목적으로 근로를 제공하고 있거나 제공하려는 사람을 말한다. 다만, 「출입국관리법」 제18조 제1항에 따라 취업활동을 할 수 있는 체류자격을 받은 외국인 중 취업분야 또는 체류기간 등을 고려하여 대통령령으로 정하는 사람은 제외한다(제2조). 적용제외 외국인근로자의 구체적인 범위는 시행령 제2조에서 규정하였다.

나. 적용범위

이 법은 외국인근로자 및 외국인근로자를 고용하고 있거나 고용하려는 사업 또는 사업장에 적용한다. 다만, 「선원법」의 적용을 받는 선박에 승무(乘務)하는 선원 중 대한민국국적을 가지지 아니한 선원 및 그 선원을 고용하고 있거나 고용하려는 선박의 소유자에 대하여는 적용하지 아니한다(제3조 제1항).

다. 외국인근로자 고용절차

1) 내국인 우선 구인노력

외국인근로자를 고용하려는 자는 「직업안정법」 제2조의2 제1호에 따른 직업안정기관에 우선 내국인 구인신청을 하여야 한다(제6조 제1항). 여기에서 말하는 직업안정기관은 '지방고용노동행정기관'을 말한다.

5. 고용관계 법령

2) 외국인근로자 고용허가

제6조 제1항에 따라 내국인 구인신청을 한 사용자는 같은 조 제2항에 따른 직업소개를 받고도 인력을 채용하지 못한 경우에는 고용노동부령으로 정하는 바에 따라 직업안정기관의 장에게 외국인근로자 고용허가를 신청하여야 한다(제8조 제1항). 외국인근로자 고용허가신청의 방법 등에 관한 사항은 시행규칙 제5조에서 규정하였다.

제8조 제1항에 따른 고용허가신청의 유효기간은 3개월로 하되, 일시적인 경영악화 등으로 신규 근로자를 채용할 수 없는 경우 등에는 대통령령으로 정하는 바에 따라 1회에 한정하여 고용허가신청의 효력을 연장할 수 있다(제8조 제2항).

직업안정기관의 장은 제8조 제1항에 따른 신청을 받으면 외국인근로자 도입 업종 및 규모 등 대통령령으로 정하는 요건을 갖춘 사용자에게 제7조 제1항에 따른 외국인구직자명부에 등록된 사람 중에서 적격자를 추천하여야 한다(제8조 제3항). "대통령령으로 정하는 요건"에 관하여는 시행령 제13조의4에서 규정하였다.

직업안전기관의 장은 제8조 제3항에 따라 추천된 적격자를 선정한 사용자에게는 지체없이 고용허가를 하고, 선정된 외국인근로자의 성명 등을 적은 외국인근로자고용허가서를 발급하여야 한다(제8조 제5항).

3) 근로계약의 체결

사용자가 제8조 제4항에 따라 선정한 외국인근로자를 고용하려면 고용노동부령으로 정하는 표준근로계약서를 사용하여 근로계약을 체결하여야 한다(제9조 제1항). '표준근로계약서'는 시행규칙 별지 제6호 서식을 말한다.
사용자는 제9조 제1항에 따른 근로계약을 체결하려는 경우 이를 한국산업인력공단에 대행하게 할 수 있다(제9조 제2항).

4) 사증(査證)발급인정서의 신청

제9조 제1항에 따라 외국인근로자와 근로계약을 체결한 사용자는「출입국관리법」제9조 제2항에 따라 그 외국인근로자를 대리하여 법무부장관에게 사증발급인정서를 신청할 수 있다(제10조). 외국인이 입국할 때에는 원칙적으로 유효한 여권과 법무부장관이 발급한 사증(査證 : 여권 소지자가 정당한 이유와 자격으로 여행한다는 증명)을 가지고 있어야 한다(「출입국관리법」제7조 제1항).

5) 외국인 취업교육

외국인근로자는 입국한 후에 고용노동부령으로 정하는 기간 이내에 대통령령으로 정하는 기관에서 국내 취업활동에 필요한 사항을 주지(周知)시키기 위하여 실시하는 교육(이하 "외국인 취업교육"이라 한다)을 받아야 한다(제11조 제1항). "고용노동부령으로 정하는 기간"은 15일을 말하고(시행규칙 제10조), "대통령령으로 정하는 기관"은 "한국산업인력공단" 또는 "고용노동부장관이 고시하는 비영리법인 또는 비영리단체"를 말한다(시행령 제18조).

사용자는 외국인근로자가 외국인취업교육을 받을 수 있도록 하여야 한다(제11조 제2항). 외국인취업교육의 시간과 내용, 그 밖에 외국인취업교육에 필요한 사항은 고용노동부령으로 정한다(제11조 제3항). 법 제11조 제3항이 위임한 "외국인취업교육의 시간과 내용"은 시행규칙 제11조에서 규정하였다.

6) 외국인근로자 고용의 특례

제12조(외국인근로자 고용의 특례) ① 다음 각 호의 어느 하나에 해당하는 사업 또는 사업장의 사용자는 제3항에 따른 특례고용가능확인을 받은 후 대통령령으로 정하는 사증을 발급받고 입

국한 외국인으로서 국내에서 취업하려는 사람을 고용할 수 있다. 이 경우 근로계약의 체결에 관하여는 제9조를 준용한다.
  1. 건설업으로서 정책위원회가 일용근로자 노동시장의 현황, 내국인근로자 고용기회의 침해 여부 및 사업장 규모 등을 고려하여 정하는 사업 또는 사업장
  2. 서비스업, 제조업, 농업 또는 어업으로서 정책위원회가 산업별 특성을 고려하여 정하는 사업 또는 사업장
⑦ 제1항에 따른 외국인근로자에 대하여는 「출입국관리법」 제21조를 적용하지 아니한다.

'정책위원회'는 외국인근로자의 고용관리 및 보호에 관한 중요 사항을 심의·의결하기 위하여 국무총리 소속으로 둔 외국인인력정책위원회를 말한다.

법 제12조 제7항에서 말하는 「출입국관리법」 제21조에서는 대한민국에 체류하는 외국인이 그 체류자격의 범위에서 그의 근무처를 추가하거나 변경하려면 미리 법무부장관의 허가를 받거나 신고하도록 규정하였다. 그리고 이를 위반한 외국인은 누구든지 고용하지 못한다고 규정하였다.

라. 외국인근로자의 고용관리

1) 출국만기보험·신탁의 가입

외국인근로자를 고용한 사업 또는 사업장의 사용자(이하 "사용자"라 한다)는 외국인근로자의 출국 등에 따른 퇴직금 지급을 위하여 외국인근로자를 피보험자 또는 수익자(이하 "피보험자등"이라 한다)로 하는 보험 또는 신탁(이하 "출국만기보험등"이라 한다)에 가입하여야 한다. 이 경우 보험료 또는 신탁금은 매월 납부하거나 위탁하여야 한다. 사용자가 출국만기보험등에 가입한 경우「근로자퇴직급여 보장법」제8조 제1항에 따른 퇴직금제도를 설정한 것으로 본다(제13조 제1항·제2항).

출국만기보험등의 가입대상 사용자, 가입방법·내용·관리 및 지급 등에 필요한 사항은 대통령령으로 정하되, 지급시기는 피보험자등이 출국한 때부터 14일(체류자격의 변경, 사망 등에 따라 신청하거나 출국일 이후에 신청하는 경우에는 신청일부터 14일) 이내로 한다(제13조 제3항). "대통령령으로 정하는 사항"은 시행령 제21조에서 규정하였다.

2) 건강보험

사용자 및 사용자에게 고용된 외국인근로자에게 「국민건강보험법」을 적용하는 경우 사용자는 같은 법 제3조에 따른 사용자로, 사용자에게 고용된 외국인근로자는 같은 법 제6조 제1항에 따른 직장가입자로 본다(제14조). 따라서 사용자는 해당 외국인근로자를 직장가입자로 하는 건강보험료를 납부하여야 한다.

3) 외국인근로자 고용관리

사용자는 외국인근로자와의 고용계약을 해지하거나 그 밖에 고용과 관련된 중요 사항을 변경하는 등 대통령령으로 정하는 사유가 발생하였을 때에는 고용노동부령으로 정하는 바에 따라 직업안정기관의 장에게 신고하여야 한다(제17조 제1항). "대통령령으로 정하는 사유"는 시행령 제23조 제1항에서 규정하였다. "고용노동부령으로 정하는 바"는 시행규칙 제14조에서 규정하였다.

외국인근로자의 적절한 고용관리 등에 필요한 사항은 대통령령으로 정한다(제17조 제2항). 대통령령으로 정하는 사유는 시행령 제23조 제2항에서 규정하였다.

4) 취업활동 기간제한 및 특례

제18조의2(취업활동 기간 제한에 관한 특례) ① 다음 각 호의 외국인근로자는 제18조에도 불구하고 1회에 한하여 2년 미만의 범위에서 취업활동 기간을 연장받을 수 있다.

1. 제8조 제4항에 따른 고용허가를 받은 사용자에게 고용된 외국인근로자로서 제18조에 따른 취업활동 기간 3년이 만료되어 출국하기 전에 사용자가 고용노동부장관에게 재고용허가를 요청한 근로자
2. 제12조 제3항에 따른 특례고용가능확인을 받은 사용자에게 고용된 외국인근로자로서 제18조에 따른 취업활동 기간 3년이 만료되어 출국하기 전에 사용자가 고용노동부장관에게 재고용허가를 요청한 근로자

② 제1항에 따른 사용자의 재고용허가 요청 절차 및 그 밖에 필요한 사항은 고용노동부령으로 정한다.

외국인근로자는 원칙적으로 입국한 날부터 3년의 범위에서 취업활동을 할 수 있다(제18조).

법 제18조의2 제2항에 따라 고용노동부령으로 정하는 사항은 시행규칙 제14조의2에서 규정하였다.

5) 재입국 취업의 제한 및 특례

제18조의4(재입국 취업제한의 특례) ① 제18조의3에도 불구하고 다음 각 호의 요건을 모두 갖춘 외국인근로자로서 제18조의2에 따라 연장된 취업활동 기간이 만료되어 출국하기 전에 사용자가 재입국 후의 고용허가를 신청하면 고용노동부장관은 그 외국인근로자에 대하여 출국한 날부터 3개월이 지나면 이 법에 따라 다시 취업하도록 할 수 있다.

1. 제18조 및 제18조의2에 따른 취업활동 기간 중에 사업 또는 사업장 변경을 하지 아니하였을 것(제25조 제1항 제2호에 따라 사업 또는 사업장을 변경한 경우에는 재입국 후의 고용허가를 신청하는 사용자와 취업활동 기간 만료일까지의 근로계약 기간이 1년 이상일 것)
2. 정책위원회가 도입 업종이나 규모 등을 고려하여 내국인을 고용하기 어렵다고 정하는 사업 또는 사업장에서 근로하고 있을 것
3. 재입국하여 근로를 시작하는 날부터 효력이 발생하는 1년 이상의 근로계약을 해당 사용자와 체결하고 있을 것

② 제1항에 따른 재입국 후의 고용허가 신청과 재입국 취업활동에 대하여는 제6조, 제7조 제2항, 제11조를 적용하지 아니

한다.
③ 제1항에 따른 재입국 취업은 1회에 한하여 허용되고, 재입국 취업을 위한 근로계약의 체결에 관하여는 제9조를 준용하며, 재입국한 외국인근로자의 취업활동에 대하여는 제18조, 제18조의2 및 제25조를 준용한다.
④ 제1항에 따른 사용자의 고용허가 신청 절차 및 그 밖에 필요한 사항은 고용노동부령으로 정한다.

국내에서 취업한 후 출국한 외국인근로자(제12조 제1항에 따른 외국인근로자는 제외한다)는 원칙적으로 출국한 날부터 6개월이 지나지 아니하면 이 법에 따라 다시 취업할 수 없다(제18조의3).

법 제18조의4 제1항 제1호에서 말하는 제25조 제1항 제2호는 "휴업, 폐업, 제13조 제1항에 따른 고용허가의 취소, 제20조 제1항에 따른 고용의 제한, 사용자의 근로조건 위반 또는 부당한 처우 등 외국인근로자의 책임이 아닌 사유로 인하여 사회통념상 그 사업 또는 사업장에서 근로를 계속할 수 없게 되었다고 인정하여 고용노동부장관이 고시한 경우"에는 외국인근로자는 직업안정기관의 장에게 다른 사업 또는 사업장으로 변경신청을 할 수 있다고 규정하였다.

법 제18조의4 제2항에서 말하는 제6조는 내국인에 대한 구인

노력에 관하여, 제7조 제2항에서는 외국인근로자 명부작성을 하는 고용노동부장관이 외국인근로자에 대하여 한국어 구사능력을 평가하는 시험을 실시하는 사항 등에 관하여, 제11조는 외국인 취업교육에 관하여 각각 규정하였다.

법 제18조의4 제4항에서 고용노동부령에 위임한 사항은 시행규칙 제14조의3에서 규정한다.

6) 고용허가 및 특례고용가능확인의 취소

> **제19조(외국인근로자 고용허가 또는 특례고용가능확인의 취소)** ① 직업안정기관의 장은 다음 각 호의 어느 하나에 해당하는 사용자에 대하여 대통령령으로 정하는 바에 따라 제8조 제4항에 따른 고용허가나 제12조 제3항에 따른 특례고용가능 확인을 취소할 수 있다.
> 1. 거짓이나 그 밖에 부정한 방법으로 고용허가나 특례고용 가능확인을 받은 경우
> 2. 사용자가 입국 전에 계약한 임금 또는 그 밖의 근로조건을 위반하는 경우
> 3. 사용자의 임금체불 또는 그 밖의 노동관계법 위반 등으로 근로계약을 유지하기 어렵다고 인정되는 경우
> ② 제1항에 따라 외국인근로자 고용허가나 특례고용가능확인

이 취소된 사용자는 취소된 날부터 15일 이내에 그 외국인근로자와의 근로계약을 종료하여야 한다.

7) 외국인근로자 고용제한

제20조(외국인근로자 고용의 제한) ① 직업안정기관의 장은 다음 각 호의 어느 하나에 해당하는 사용자에 대하여 그 사실이 발생한 날부터 3년간 외국인근로자의 고용을 제한할 수 있다.
  1. 제8조 제4항에 따른 고용허가 또는 제12조 제3항에 따른 특례고용가능확인을 받지 아니하고 외국인근로자를 고용한 자
  2. 제19조 제1항에 따라 외국인근로자의 고용허가나 특례고용가능확인이 취소된 자
  3. 이 법 또는 「출입국관리법」을 위반하여 처벌을 받은 자
  4. 그 밖에 대통령령으로 정하는 사유에 해당하는 자

법 제20조 제1항 제3호에서는 "「출입국관리법」을 위반하여 처벌을 받은 자"를 외국인근로자 고용제한 사유에서의 해당 사용자로 규정하고 있다. 그런데 「출입국관리법」에서는 외국인근로자

의 고용과는 아무런 관계가 없지만 처벌의 대상으로 하는 행위만 해도 수십 종류가 있다. 따라서 제20조 제1항 제3호가 말하는 '처벌'에는 외국인근로자의 고용과 직접 관계있는 규정을 위반하여 처벌을 받은 경우로 제한하여 해석하여야 할 것이다.

법 제20조 제1항 제4호에서 말하는 "대통령령으로 정하는 사유에 해당하는 자"는 시행령 제25조에서 규정하였다.

마. 외국인근로자의 보호

사업의 규모 및 산업별 특성 등을 고려하여 대통령령으로 정하는 사업 또는 사업장의 사용자는 임금체불에 대비하여 그가 고용하는 외국인근로자를 위한 보증보험에 가입하여야 한다(제23조 제1항). "대통령령으로 정하는 사업 또는 사업장"은 "「임금채권보장법」이 적용되지 아니하는 사업 또는 사업장"과 "상시 300명 미만의 근로자를 사용하는 사업 또는 사업장" 중 어느 하나에 해당하는 것을 말한다. 다만, 법 제12조 제1항 제1호에 따른 사업 또는 사업장은 제외한다(시행령 제27조 제1항). 「임금채권보장법」은 「산업재해보상보험법」 제6조에 따른 사업 또는 사업장에 적용한다(「임금채권보장법」 제3조). 「산업재해보상보험법」 제6조에서는 "이 법은 근로자를 사용하는 모든 사업 또는 사업장에 적용한다. 다만, 위험률·규모 및 장소 등을 고려하여 대통령령으로 정하는 사업에 대하여는 이 법을 적용하지 아니한다."고 규정하였고, 대통령령으로 정하는 제외 대상은 같은 법 시행령 제2조에서 규정하였다.

8. 「장애인고용촉진 및 직업재활법」

가. 법률의 이해

이 법은 장애인이 그 능력에 맞는 직업생활을 통하여 인간다운 생활을 할 수 있도록 장애인의 고용을 촉진하고 직업재활을 꾀하는 것을 주된 목적으로 한다.

"장애인"이란 신체 또는 정신상의 장애로 장기간에 걸쳐 직업생활에 상당한 제약을 받는 자로서 「장애인복지법 시행령」 제2조에 따른 장애인 기준에 해당하는 자 또는 「국가유공자 등 예우 및 지원에 관한 법률 시행령」 제14조 제3항에 따른 상이등급 기준에 해당하는 자를 말한다(법 제2조 제1호 및 시행령 제3조 제1항).

나. 장애인고용촉진

1) 고용의 지원

고용노동부장관과 보건복지부장관은 중증장애인 중 사업주가 운영하는 사업장에서는 직무 수행이 어려운 장애인이 직무를 수행할 수 있도록 지원고용을 실시하고 필요한 지원을 하여야 한다(제13조 제1항). 제1항에 따른 지원의 내용 및 기준 등에 필요한 사항은 대통령령으로 정한다(제13조 제2항).

법 제13조에 따른 지원고용 실시에 필요한 지원 내용은 '훈련생에 대한 훈련수당', '사업주에 대한 보조금' 및 '사업장에 배치하는 직무지도원에 대한 직무수당' 등으로 하되, 그 구체적 기준은 고용노동부장관이 보건복지부장관과 협의하여 결정 공고한다(시행령 제18조). 고용노동부장관의 고시는 「장애인 취업지원 업무처리 규정」을 말하며, 이는 고용노동부 홈페이지에서 검색이 가능하다.

"중증장애인"이란 장애인 중 근로능력이 현저하게 상실된 자로서 대통령령으로 정하는 기준에 해당하는 자를 말한다(법 제2조 제1호). "대통령령으로 정하는 기준"은 시행령 제4조 제1항에서 규정하였다.

2) 자영업 장애인 지원

고용노동부장관은 자영업을 영위하려는 장애인에게 창업에 필요한 자금 등을 융자하거나 영업장소를 임대할 수 있다(제17조 제1항). 제1항에 따른 영업장소의 연간 임대료는 「국유재산법」에도 불구하고 그 재산 가액(價額)에 1천분의 10 이상을 곱한 금액으로 고용노동부장관이 정하되, 월할(月割)이나 일할(日割)로 계산할 수 있다(제17조 제2항). 제1항과 제2항에 따른 융자·임대의 기준 등에 필요한 사항은 고용노동부령으로 정한다(제17조 제3항). 고용노도부령으로 정하는 사항은 시행규칙 제6조에서 규정하였다.

3) 장애인 고용 사업주에 대한 지원

제21조(장애인 고용 사업주에 대한 지원) ① 고용노동부장관은 장애인을 고용하거나 고용하려는 사업주에게 장애인 고용에 드는 다음 각 호의 비용 또는 기기 등을 융자하거나 지원할 수 있다. 이 경우 중증장애인 및 여성장애인을 고용하거나 고용하려는 사업주를 우대하여야 한다.
  1. 장애인을 고용하는 데 필요한 작업 보조 공학기기 또는 장비 등

> 2. 장애인의 직업생활에 필요한 작업 보조 공학기기 또는 장비 등
> 3. 장애인의 적정한 고용관리를 위하여 장애인 직업생활 상담원, 직업지도원, 수화 통역사 또는 낭독자 등을 배치하는 데에 필요한 비용
> 4. 그 밖에 제1호부터 제3호까지에 준하는 것으로서 장애인의 고용에 필요한 비용 또는 기기
>
> ② 고용노동부장관은 장애인인 사업주가 장애인을 고용하거나 고용하려는 경우에는 해당 사업주 자신의 직업생활에 필요한 작업 보조 공학기기 또는 장비 등을 지원할 수 있다.
> ③ 제1항 및 제2항에 따른 융자 또는 지원의 대상 또는 기준 등에 필요한 사항은 대통령령으로 정한다.

법 제21조 제3항에서 대통령령으로 정하도록 위임한 사항은 시행령 제21조에서 규정하였다.

4) 장애인 표준사업장에 대한 지원

고용노동부장관은 장애인 표준사업장을 설립·운영하거나 설립하려는 사업주에게 그 설립·운영에 필요한 비용을 융자하거나 지원할 수 있다(제22조 제1항). "장애인 표준사업장"이란 장

애인 고용인원·고용비율 및 시설·임금에 대하여 고용노동부령으로 정하는 기준에 해당하는 사업장(「장애인복지법」 제58조 제1항 제3호에 다른 장애인 직업재활시설은 제외한다)을 말한다(제2조 제8호). '고용노동부령으로 정하는 사업장'은 시행령 제3조에서 규정하였다.

장애인 표준사업장을 실질적으로 지원하는 지배주주인 사업주는 「독점규제 및 공정거래에 관한 법률」 제23조 제1항 제7호의 불공정거래행위를 적용함에 있어 예외를 인정하고(법 제22조의2), 「중소기업제품 구매촉진 및 판로지원에 관한 법률」 제2조 제2호에 따른 공공기관은 장애인 표준사업장에서 생산하는 물품과 용역을 우선적으로 구매하여야 한다(법 제22조의3).

5) 장애인고용 우수사업주의 우대

고용노동부장관은 장애인의 고용에 모범이 되는 사업주를 장애인 고용 우수사업주로 선정하여 사업을 지원하는 등의 조치(이하 "우대조치"라 한다)를 할 수 있다(제24조 제1항). 장애인 고용 우수사업주의 선정·우대조치 등에 필요한 사항은 대통령령으로 정한다(제24조 제2항). 장애인 고용 우수사업주의 선정과 우대조치의 기준은 고용노동부장관이 사업주의 장애인 고용율과 사업주가 고용하고 있는 장애인 근로자 수 및 사업체의 규모 등을 고려하여 결정·공고한다. 이 경우 중증장애인과 여성

장애인에게는 가중치를 부여할 수 있다(시행령 제22조 제2항).

다. 장애인 고용의무 및 장려금

1) 사업주의 장애인 고용의무

상시 50명 이상의 근로자를 고용하는 사업주(건설업에서 근로자의 수를 확인하기 곤란한 경우에는 공사 실적액이 고용노동부장관이 정하여 고시하는 금액 이상인 사업주)는 그 근로자의 총수(건설업에서 근로자의 수를 확인하기 곤란한 경우에는 대통령령으로 정하는 바에 따라 공사 실적액을 근로자의 총수로 환산한다)의 100분의 5의 범위에서 대통령령으로 정하는 비율(이하 "의무고용율"이라 한다) 이상에 해당(그 수에서 소수점 이하는 버린다)하는 장애인을 고용하여야 한다(제28조 제1항). 사업주의 의무고용율은 시행령 제25조에서 규정한다.

법 제28조 제1항에도 불구하고 특정한 장애인의 능력에 적합하다고 인정되는 직종에 대하여는 장애인을 고용하여야 할 비율은 대통령령으로 따로 정할 수 있다. 이 경우 그 비율은 의무고용율로 보지 아니한다(제28조 제2항). 특정한 장애인의 능력에 적합하다고 인정되는 직종과 이에 해당하는 특정장애인의 범위 및 고용비율은 시행령 별표 1에서 규정한다(시행령 제26조).

법 제1항에 따른 상시 고용하는 근로자 수 및 건설업에서의 공사 실적액 산정에 필요한 사항은 대통령령으로 정한다(제28조 제4항). 대통령령으로 정하는 사항은 시행령 제24조 및 제25조에서 규정하였다.

2) 장애인 고용장려금

고용노동부장관은 장애인의 고용촉진과 직업안정을 위하여 장애인을 고용한 사업주(제28조 제1항을 적용받지 아니하는 사업주를 포함한다)에게 고용장려금을 지급할 수 있다. 고용장려금은 매월 상시 고용하고 있는 장애인 수에서 의무고용율(제28조 제1항을 적용받지 아니하는 사업주에게 고용장려금을 지급할 때에도 같은 비율을 적용한다)에 따라 고용하여야 할 장애인 총수(그 수에서 소수점 이하는 올린다)를 뺀 수에 제3항에 따른 지급단가를 곱한 금액으로 한다. 다만, 제33조에 따라 낼 부담금이 있는 경우에는 그 금액으로 한다(제30조 제1항·제2항). 고용장려금의 지급단가 및 지급기간은 고용노동부장관이 「최저임금법」에 따라 월 단위로 환산한 최저임금액의 범위에서 제33조 제3항에 따른 부담기초액, 장애인고용부담금 납부의무의 적용 여부, 그 장애인 근로자에게 지급하는 임금, 고용기간 및 장애정도 등을 고려하여 다르게 정할 수 있다. 이 경우 중증장애인과 여성장애인에 대하여는 우대하여 정하여야 한다(제30조 제3항). 「고용보험법」과 「산업재해보상보험법」에 따른 지원금 및 장려금 지급대상인 근로자 및 그 밖에 장애인 고용촉진과 직업안정을 위하여 국가나 지방자치단체로부터 지원을 받는 등 대통령령으로 정하는 장애인 근로자에 대하여는 대통령령으로 정하는 바에 따라 고용장려금의 지급을 제한할 수 있다(제30조 제4항). 제1항에 따른 고용장려금의 지급 및 청구에 필요한 사항은 대통령령으로 정하고, 그 지급 시기·절차 등에 필요한 사항은 고용노동부장관이 정한다(제30조 제5항).

9. 「최저임금법」

가. 법률의 이해

이 법은 근로자에 대하여 임금의 최저수준을 보장하는 것을 목적으로 한다. 이 법에서 사용하는 "근로자", "사용자" 및 "임금"은 「근로기준법」에서 정하는 용어를 사용한다. 따라서 "근로자"는 직업의 종류에 관계없이 임금을 목적으로 사업이나 사업장에 근로를 제공하는 자를 말하고, "사용자"는 사업주 또는 사업 경영 담당자, 그 밖에 근로자에 관한 사항에 관하여 사업주를 위하여 행위하는 자를 말하며, "임금"은 사용자가 근로의 대가로 근로자에게 임금, 봉급, 그 밖에 어떤 명칭으로든지 지급하는 일체의 금품을 말한다.

이 법은 근로자를 사용하는 모든 사업 또는 사업장에 적용한다. 다만, 동거하는 친족만을 사용하는 사업과 가사(家事) 사용인 및 「선원법」의 적용을 받는 선원에게는 적용하지 않는다.

나. 최저임금

1) 최저임금액

> 제5조(최저임금액) ① 최저임금액(최저임금으로 정한 금액을 말한다. 이하 같다)은 시간·일(日)·주(週) 또는 월(月)을 단위로 하여 정한다. 이 경우 일·주 또는 월을 단위로 하여 최저임금액을 정할 때에는 시간급(時間給)으로도 표시하여야 한다.
> ② 다음 각 호의 어느 하나에 해당하는 자에 대하여는 대통령령으로 정하는 바에 따라 제1항에 따른 최저임금액과 다른 금액으로 최저임금액을 정할 수 있다.
>   1. 수습 사용 중에 있는 자로서 수습 사용한 날부터 3개월 이내인 자. 다만, 1년 미만의 기간을 정하여 근로계약을 체결한 근로자는 제외한다.
>   2. 「근로기준법」 제63조 제3호에 따라 감시(監視) 또는 단속적(斷續的)으로 근로에 종사하는 자로서 사용자가 고용노동부장관의 승인을 받은 자

> ③ 임금이 통상적으로 도급제나 그 밖에 이와 비슷한 형태로 정하여져 있는 경우로서 제1항에 따라 최저임금액을 정하는 것이 적당하지 아니하다고 인정되면 대통령령으로 정하는 바에 따라 최저임금을 따로 정할 수 있다.

법 제5조 제2항에서 대통령령에 위임한 사항은 시행령 제3조에서 규정하였고, 같은 조 제3항에서 대통령령으로 정하도록 한 사항은 시행령 제4조에서 규정하였다.

법 제5조 제2항 제2호에서 말하는 "감시"라고 함은 과거에 이른바 "경비" 또는 "수위"라고 부르던 근로와 같이 「근로기준법」에서 근로시간에 관한 예외를 허용하고 있는 근로를 말하고, 같은 호에서 "단속적"이라고 표현한 것은 계속·반복적이지 아니한 근로, 즉 1회적 내지는 간헐적인 근로를 의미한다.

2) 최저임금의 적용을 위한 임금의 환산

최저임금의 적용 대상이 되는 근로자의 임금을 정하는 단위기간이 제5조 제1항에 따른 최저임금의 단위기간과 다른 경우에 해당 근로자의 임금을 최저임금의 단위기간에 맞추어 환산하는 방법은 대통령령으로 정한다(제5조의2). 대통령령으로 정하는 방법은 시행령 제5조에서 규정하였다.

3) 최저임금의 효력

제6조(최저임금의 효력) ① 사용자는 최저임금의 적용을 받는 근로자에게 최저임금 이상의 임금을 지급하여야 한다.
② 사용자는 이 법에 따른 최저임금을 이유로 종전의 임금수준을 낮추어서는 아니 된다.
③ 최저임금의 적용을 받는 근로자와 사용자 사이의 근로계약 중 최저임금에 미치지 못하는 금액을 임금으로 정한 부분은 무효로 하며, 이 경우 무효로 된 부분은 이 법으로 정한 최저임금액과 동일한 임금을 지급하기로 한 것으로 본다.
④ 다음 각 호의 어느 하나에 해당하는 임금은 제1항과 제3항에 따른 임금에 산입(算入)하지 아니한다.
  1. 매월 1회 이상 정기적으로 지급하는 임금 외의 임금으로서 고용노동부장관이 정하는 것
  2. 「근로기준법」 제2조 제1항 제7호에 따른 소정(所定) 근로시간(이하 "소정근로시간"이라 한다) 또는 소정의 근로일에 대하여 지급하는 임금 외의 임금으로서 고용노동부장관이 정하는 것
  3. 그 밖에 최저임금액에 산입하는 것이 적당하지 아니하다고 인정하여 고용노동부장관이 따로 정하는 것

⑤ 제4항에도 불구하고 「여객자동차운수사업법」 제3조 및 같은 법 시행령 제3조 제2호 다목에 따른 일반택시운송사업에서 운전업무에 종사하는 근로자의 최저임금에 산입되는 임금의 범위는 생산고에 따른 임금을 제외한 대통령령으로 정하는 임금으로 한다.

⑥ 제1항과 제3항은 다음 각 호의 어느 하나에 해당하는 사유로 근로하지 아니 한 시간 또는 일에 대하여 사용자가 임금을 지급할 것을 강제하는 것은 아니다.
  1. 근로자가 자기의 사정으로 소정근로시간 또는 소정의 근로일의 근로를 하지 아니한 경우
  2. 사용자가 정당한 이유로 근로자에게 소정근로시간 또는 소정의 근로일의 근로를 시키지 아니한 경우

⑦ 도급으로 사업을 행하는 경우 도급인이 책임져야 할 사유로 수급인이 근로자에게 최저임금액에 미치지 못하는 임금을 지급한 경우 도급인은 해당 수급인과 연대(連帶)하여 책임을 진다.

⑧ 제7항에 따른 도급인이 책임져야 할 사유의 범위는 다음 각 호와 같다.
  1. 도급인이 도급계약 체결 당시 인건비 단가를 최저임금액에 미치지 못하는 금액으로 결정하는 행위
  2. 도급인이 도급계약 기간 중 인건비단가를 최저임금액에 미치지 못한 금액으로 낮춘 행위

⑨ 두 차례 이상의 도급으로 사업을 행하는 경우에는 제7항의 "수급인"은 "하수급인(下受給人)"으로 보고, 제7항과 제8항의 "도급인"은 "직상(直上) 수급인(하수급인에게 직접 하도급을 준 수급인)"으로 본다.

법 제6조 제4항에 따라 최저임금에 산입(算入)하지 아니하는 임금의 범위는 시행규칙 별표 1에서 규정한다. 다만, 시행규칙 별표 2의 임금은 최저임금에 산입한다(시행규칙 제2조).

법 제6조 제5항에서 "대통령령으로 정하는 임금"이란 단체협약, 취업규칙, 근로계약에 정해진 지급 조건과 지급률에 따라 매월 1회 이상 지급하는 임금을 말한다. 다만, "소정근로시간 또는 소정의 근로일에 대하여 지급하는 임금 외의 임금" 또는 "근로자의 생활보조와 복리후생을 위하여 지급하는 임금"은 산입(算入)하지 아니한다(시행령 제5조의2).

4) 최저임금의 적용제외

제7조(최저임금의 적용제외) 다음 각 호의 어느 하나에 해당하는 자로서 사용자가 대통령령으로 정하는 바에 따라 고용노동부장관의 인가를 받은 자에 대하여는 제6조를 적용하지 아니한다.
  1. 정신장애나 신체장애로 근로능력이 현저히 낮은 자

> 2. 그 밖에 최저임금을 적용하는 것이 적당하지 아니하다고 인정되는 자

법 제7조 각 호 외의 부분 본문에서 대통령령에 위임한 사항인 사용자가 고용노동부장관의 인가를 받아 최저임금의 적용을 제외할 수 있는 자는 정신 또는 신체의 장애가 업무수행에 직접적으로 현저한 지장을 주는 것이 명백하다고 인정되는 사람으로 한다(시행령 제6조).

법 제7조 본문에서 말하는 "고용노동부장관의 인가"에 관한 사항은 시행규칙 제3조에서 규정하였다.

5) 최저임금의 고시와 효력발생

고용노동부장관은 최저임금을 결정한 때에는 지체 없이 그 내용을 고시하여야 한다(제10조 제1항). 제1항에 따라 고시된 최저임금은 다음 년도 1월 1일부터 효력이 발생한다. 다만, 고용노동부장관은 사업의 종류별로 임금의 교섭시기 등을 고려하여 필요하다고 인정하면 효력발생 시기를 따로 정할 수 있다(제10조 제2항).

고용노동부장관이 고시한 2015. 1. 1.부터 12. 31.까지 적용되는 최저임금은 모든 사업장이 공통적으로 5,580원이다(고용노

5. 고용관계 법령

동부고시 제2014-29호 최저임금고시).

자영업자가 꼭 알아야 할 법률지식 및 사업자금 조달방법

6

사업자금의 조달

자영업자가 꼭 알아야 할 법률지식 및 사업자금 조달방법

1. 사업자금 조달방법의 개요

  법인(특히 주식회사)인 사업자가 자금을 조달하는 방법은 증자나 회사채의 발행 등은 물론이고, 금융권으로부터 신용대출·담보대출을 받는 등 그 방법은 다양하다. 그러나 개인이 영리사업을 하려고 하는 경우나 이미 개인사업을 영위하고 있는 사람이 사업자금을 조달하는 방법은 오직 국가의 정책자금을 지원받거나 금융권으로부터 대출을 받는 방법뿐이다. 그나마 영세한 법인이나 개인사업자는 정보에 어둡다보니 좋은 조건을 갖추고 있음에도 이들 제도를 잘 활용하지 못하는 것이 현실이다. 여기에서는 소기업과 자영업자가 이용할 수 있는 각종 금융지원제도에 관한 개괄적인 내용을 소개한다. 구체적인 내용은 해당 기관의 홈페이지를 이용하는 등의 방법으로 충분히 조사할 필요가 있을 것이다.

2. 중소기업청 소관 정책자금 대출

가. 공통사항

　아래에서 소개하는 자금들은 「중소기업기본법」상의 중소기업을 대상으로 한다. 다만, 불건전영상게임기 및 도박게임장비 등 오락용품 제조업, 건설업 중 산업플랜트·폐기물처리·오염방지시설·조경·배관·냉난방공사·건물용기계장비설치·방음내화·소방시설 공사업, 도·소매업 중 자동차판매·자동차부품 및 내장품소매업·모터사이클 및 부품소재업, 주류 및 담배의 중개·도매·소매업, 운송업·주차장운영업, 관광숙박업 중 코리아스테이 및 굿스테이 인증기업이 아닌 숙박업, 음식점업, 금융 및 보험업, 부동산업, 자동차임대업, 개인 및 가정용품 임대업, 법무·회계·세무 관련 서비스업, 수의업은 제외한다.

　개별기업당 융자한도는 중소기업청 소관 정책자금의 융자잔액을 기준으로 45억원(수도권을 제외한 지방소재기업은 50억원)까지이며, 매출액의 150%를 한도로 한다. 금리는 중소기업진흥채권 조달금리에 따른 정책자금 기준금리에 분기별로 연동되는 변동금리의 적용을 원칙으로 한다. 금리는 중소기업진흥공단 홈페이지에 공지한다.

융자의 방식은 중소기업진흥공단(콜센터 : 국번 없이 137)(이하 "중진공"이라고 함)에 융자신청을 하고, 중진공이 직접 대출하거나 금융기관이 대리대출을 한다. 신용대출과 담보부대출의 방식이다. 융자의 신청은 중진공 홈페이지에서 해당 지역본부에 온라인으로 신청·접수하고, 기업평가를 거쳐 대출이 된다.

다음에 해당하는 중소기업은 융자가 제한된다.
① 세금을 체납하고 있는 기업
② 전국은행연합회의 '신용관리규약'에 따라 연체, 대위변제·대지급, 부도, 관련인, 금융질서문란, 화의·법정관리·기업회생신청·청산절차 등의 정보가 등록되어 있는 기업
③ 기타 허위 또는 부정한 방법으로 융자를 신청하거나 대출자금을 융자목적이 아닌 용도로 사용한 기업
④ 임직원의 자금 횡령 등 사회적 물의를 일으킨 기업
⑤ 휴·폐업중인 기업. 단, 재해를 직접 원인으로 휴업중인 기업은 가동 중인 기업으로 간주하여 융자대상에 포함
⑥ 업종별 융자제한 부채비율을 초과하는 기업
⑦ 융자신청일 현재 업력 5년 초과기업으로서 한계기업이나 중진공 지정 부실징후기업
⑧ 융자심사에서 탈락한 기업으로서 6개월이 경과하지 아니한 기업

나. 창업기업지원자금 · 청년전용창업자금

이 자금들은 우수한 기술력과 사업성은 있으나 자금력이 부족한 중소·벤처기업의 창업을 활성화하고, 고용창출을 도모하는 것을 목적으로 한다.

창업기업지원자금은 「중소기업창업 지원법 시행령」 제2조 및 제3조의 규정에 의한 사업개시일로부터 7년 미만(신청·접수일 기준)인 중소기업 및 창업을 준비 중인 자를 대상으로 하며, 청년전용창업자금은 대표자가 만39세 이하로서 사업개시일로부터 3년 미만(신청·접수일 기준)인 중소기업 및 창업을 준비 중인 자를 대상으로 한다.

창업기업지원자금은 시설자금과 운전자금으로 분류되는데, 시설자금은 생산설비 및 시험검사장비의 도입 등에 소요되는 자금, 정보화 촉진 및 서비스 제공 등에 소요되는 자금, 공정설치 및 안전성 평가 등에 소요되는 자금, 유통 및 물류시설 등에 소요되는 자금, 사업장 건축자금·토지구입비·임차보증금, 사업장 확보자금(매입 또는 경·공매) 등을 말하며, 운전자금은 창업소요 비용, 제품생산 비용 및 기업경영에 소요되는 자금을 말한다.

금리는 정책자금 대출금리에서 0.08%p를 차감하며, 청년전용창업자금은 연 2.7%의 고정금리를 적용한다. 시설자금의 대출기간은 8년(거치기간 3년 이내 포함)이며, 운전자금의 대출기간은

5년(거치기간 2년 이내 포함)이다. 청년전용창업자금은 시설·운전 구분 없이 5년(거치기간 5년 이내 포함)이다.

대출한도는 운전자금은 연간 5억 원(10억 원 이상 시설투자기업은 연간 10억 원), 청년전용창업자금은 1억 원을 각각 한도로 한다.

다. 투융자복합금융자금

이 자금은 기술성과 미래 성장가치가 우수한 중소기업에 대하여 융자에 투자요소를 복합한 방식의 자금을 지원함으로써 창업 활성화 및 성장단계 진입을 도모하고자 한다.

신청대상은 3개 부문으로 구분되는데, '이익공유형 대출'은 기술개발 및 시장진입 등의 단계에서 미래 성장성이 큰 기업으로서 일정수준의 영업이익 달성이 예상되는 업력 7년 미만의 기업을 대상으로 하고, '성장공유형 대출'은 기술성과 미래 성장가치가 큰 기업으로서 기업공개 가능성이 있으나 민간 창업투자회사(창업투자조합)가 투자하지 아니한 기업을 대상으로 하며, '프로젝트금융형 대출'은 성공 가능성이 높은 문화콘텐츠 프로젝트의 추진을 위하여 설립된 문화산업전문회사로서 민간창업투자회사(창업투자조합)가 투자하지 아니한 기업을 대상으로 한다. 문화콘텐츠산업 중에서도 게임·음악·뮤지컬·애니메이션·캐릭터 등을 우선적으로 지원한다.

6. 사업자금의 조달

　융자범위 중 시설자금은 생산설비, 시험검사장비 도입, 정보화 촉진 및 서비스 제공 등에 소요되는 자금(건축 및 사업장 구입자금은 제외)이 여기에 해당하며, 운전자금은 창업 소요비용, 원부자재 구입비용, 시장 개척비용, 제품 생산비용, 콘텐츠 제작비용 및 기업경영에 소요되는 자금을 말한다.

　'이익공유형 대출'의 이자는 대출기간에 해당하는 고정이자와 이익연동이자를 합한 이자의 총액은 대출원금의 40% 이내로 하고, 대출기간은 5년 이내(거치기간 2년 이내 포함)이며, 대출한도는 연간 20억 원(운전자금은 5억 원)을 한도로 한다.

　'성장공유형 대출'의 대출방식은 전환사채를 인수하는 방식인데, 대출의 표면금리는 1%·만기보장금리는 4%이고, 대출기간은 5년 이내(거치기간 2년 이내 포함)를 원칙으로 하되, 업력 7년 미만인 기업의 대출기간은 7년 이내(거치기간 4년 이내 포함)이며, 대출한도는 공통사항의 '개별기업당 융자한도'와 같다. 다만, 운전자금은 연간 10억 원을 한도로 한다.

　'프로젝트금융형 대출'의 대출방식은 이익참가부사채 인수방식인데, 대출금리는 연4%, 대출기간은 7년 이내, 대출한도는 프로젝트당 10억 원으로 하되, 소요자금의 70% 이내로 한다.

라. 개발기술사업화자금

　이 자금은 중소기업이 보유한 우수한 기술의 사장을 방지하고 개발기술의 제품화·사업화를 촉진하여 기술기반중소기업을 육성하는 것을 목적으로 한다.

신청대상은 「중소기업기본법」상의 중소기업으로서 ① 다음 중 어느 하나에 해당하는 기술을 사업화 하고자 하는 기업 또는 ② 자체기술을 사업화 하고자 하는 Inno-Biz, Main-Biz, 벤처기업 또는 지식재산경영인증기업(특허청 인증)이다. 다만, 최근 3년 이내에 개발기술사업화자금을 2회 이상 지원받은 기업은 융자에서 제외한다.

다　　　음

○ 산업통상자원부, 중소기업청 등 정부출연 연구개발사업에 참여하여 기술개발에 성공(완료)한 기술
○ 특허, 실용신안 또는 저작권 등록 기술
○ 정부 및 정부공인기관이 인증한 기술
○ 국내외의 대학, 연구기관, 기업, 기술거래기관 등으로부터 이전받은 기술
○ 「기술의 이전 및 사업화 촉진에 관한 법률」상 기술평가기관으로부터 기술평가인증을 받은 기술
○ 기업부설연구소(한국산업기술진흥협회 인정) 보유 기업이 개발한 기술

시설자금의 융자범위는 개발기술의 사업화에 소요되는 생산설비, 시험검사장비 도입 등에 소요되는 자금이며, 운전자금은 개발기술의 사업화에 소요되는 원부자재 구입비용, 시장 개척비용 등이다.

대출금리는 정책자금 기준금리에서 0.08%를 차감한 금리이며, 시설자금의 대출기간은 8년 이내(거치기간 3년 이내 포함), 운전자금의 대출기간은 5년 이내(거치기간 2년 이내 포함)이다. 그리고 대출한도는 기업당 연간 20억 원(운전자금은 5억 원)으로 한다. 다만, 10억 원 이상 시설투자기업의 운전자금은 10억 원을 한도로 한다.

마. 신성장기반자금

이 자금은 사업성과 기술성이 우수한 성장유망 중소기업의 생산성향상, 고부가가치화 등 경쟁력 강화에 필요한 자금을 지원하여 성장 동력을 창출하는 것을 목적으로 한다.

'신성장기반자금'은 「중소기업기본법」상의 업력 7년 이상의 중소기업이(단, 업력 7년 미만 기업 중 창업 요건에 해당되지 않는 기업은 신성장기반자금으로 융자), '기술사업성우수기업전용자금'은 「중소기업기본법」상의 업력 7년 이상 중소기업 중 기업평가등급 우수기업이, '협동화·협업사업 승인기업 지원자금'은

3개 이상의 중소기업이 규합하여 협동화실천계획의 승인을 얻은 자 또는 2개 이상의 중소기업이 규합하여 협업사업계획의 승인을 얻은 자가, '기초제조기업성장자금'은 업력이 4년 이상이고, 매출액이 10억 원 미만의 기초소재형 및 가공조립형 산업을 영위하는 기업이, '고성장(가젤형)기업전용자금'은 「중소기업기본법」상의 업력 4년 이상 중소기업 중 최근 3년간 상시근로자 또는 매출액이 연평균 20% 이상(수도권을 제외한 지방 소재 기업은 15% 이상) 증가한 기업이 각각 신청할 수 있다.

시설자금은 생산설비 및 시험검사장비 도입 등에 소요되는 자금, 정보화 촉진 및 서비스 제공 등에 소요되는 자금, 공정설치 및 안전성평가 등에 소요되는 자금, 유통 및 물류시설 등에 소요되는 자금, 무역·수출 안전시설 설치 등에 소요되는 자금, 사업장 건축자금·토지구입비·임차보증금, 사업장 확보(매입 또는 경·공매)자금, 조성공사비(협동화 및 협업사업승인기업에 한함), 기타 생산성향상·생산환경개선 및 후생복지시설에 소요되는 자금으로 하고, 운전자금은 시설자금을 융자받은 기업 중 시설 도입 후 소요되는 초기가동비(시설자금의 30% 이내)로 한다.

대출금리는 정책자금 기준금리에서 0.5%p를 가산하고, 시설자금의 대출기간은 8년 이내(거치기간 3년 이내 포함)이며, 운전자금의 대출기간은 5년 이내(거치기간 2년 이내 포함)이다. 대출한도는 공통사항의 '개별기업당 융자한도'와 같다.

바. 재도약지원자금

이 자금은 사업전환, 구조조정, 재창업 지원을 통하여 재도약과 경영정상화를 위한 사회적 기반을 조성하는 것을 목적으로 한다.

신청대상은 3개 부문으로 구분되는데, '사업전환자금'은 ① 다음 각 요건을 모두 충족하는 자로서 사업전환계획 승인을 얻은 중소기업과 ②「자유무역협정 체결에 따른 무역조정 지원에 관한 법률」제6조의 규정에 의한 무역조정지원기업으로 지정받은 중소기업이다.

다음 : ㉮ 신청일 현재 3년 이상 계속하여 사업을 영위하며, 상시근로자 수 5인 이상인 중소기업으로서 농업·임업·어업·광업·제조업, 전기·가스·증기 및 수도사업, 건설업을 제외한 업종일 것

㉯ 현재 영위하고 있는 업종이 전체 매출액 중에서 35% 이상을 차지하는 주력사업이고, 사업전환 대상이 될 것

'구조개선전용자금'은 다음 각 호 중 한 가지 이상을 충족하는 기업이 신청할 수 있다.

다음 : ㉮ 중소기업 건강관리시스템을 통한 기업 구조개선 진단 추진 기업

㉯ 일시적 경영애로를 겪고 있는 중소기업 중 경영개선 진단 기업
㉰ 금융기관의 워크아웃을 통한 구조조정 추진기업
㉱ 전국은행연합회의 '신용정보관리규약'에 따라 연체, 대위변제·대지급, 부도, 관련인 정보가 등록되어 있는 기업 또는 「채무자 회생 및 파산에 관한 법률」에 따른 회생계획 인가기업 중 강력한 자구노력(자산매각, 대주주 감자 등) 추진 기업
㉲ 진로개시 컨설팅 결과 '구조개선' 대상으로 판정된 기업

'재창업자금'은 사업실패로 전국은행연합회의 '신용정보관리규약'에 따라 '연체등' 및 '공공정보'의 정보가 등재(등록 및 해제 사실) 되어 있거나 저신용자로 분류된 기업인 또는 사업실패로 자금조달에 애로를 겪는 기업인 중 다음 요건을 모두 충족한 자 다음 :
㉮ 재창업을 준비 중인 자 또는 재창업일로부터 7년이 경과하지 아니한 자
㉯ 재창업을 준비 중인 자의 경우에는 재창업자금 지원결정 후 3개월 이내에 법인 대표 등록이 가능할 것
㉰ 실패 사업체의 폐업을 완료했거나 재창업자금 지원 결정 후 3개월 이내에 완료가 가능할 것

㉔ 고의부도, 회사자금 유용, 사기 등 폐업의 사유가 부도덕하지 않을 것

㉕ 신용미회복자(신용회복절차가 정상적으로 진행 중인 경우는 제외)는 총부채 규모가 30억 원 이하일 것

다만, 재창업자금 중 융자상환금 조정형 대출을 신청하고자 하는 재창업자는 다음 4가지 요건 중 1가지 이상에 해다하는 경우에 한하여 신청이 가능하다.

다음 : ㉮ 중기청 미래부 재창업 R&D자금 승인자(기업)

㉯ 중기청 재도전 성공패키지사업 승인자(기업)

㉰ 재도전 Fund 지원기업

㉱ 특허·실용신안을 보유하고 재창업 후 동 기술 사업화 중 또는 예정자(기업)

시설자금은 생산설비 및 시험검사장비 도입 등에 소요되는 자금, 정보화 촉진 및 서비스 제공 등에 소요되는 자금, 공정설치 및 안전성평가 등에 소요되는 자금, 유통 및 물류시설 등에 소요되는 자금, 사업장 건축자금·토지구입비·임차보증금, 사업장 확보자금(매입 또는 경·공매)으로 한다. 그리고 운전자금은 경영애로 해소 및 재창업, 사업전환, 무역조정 등 경영정상화에 소요되는 비용, 제품 생산 및 기업경영에 소요되는 비용으로 한다.

대출금리는 정책자금 지원금리에서 0.08%p를 차감한 금리로 하고, 시설자금의 대출기간은 8년 이내(거치기간 3년 이내 포함)

으로, 운전자금의 대출기간은 5년 이내(거치기간 2년 이내 포함)으로 하며, 대출한도는 공통사항의 '개별기업당 융자한도'와 같다.

사. 긴급경영안정자금

이 자금은 경영애로 해소, 수출품 생산비용 등 긴급한 자금수요를 지원하여 중소기업의 안정적인 경영기반을 조성하고자 한다.

'긴급경영안정사업자금'은 「중소기업기본법」상의 중소기업이, '수출금융지원사업자금'은 융자제외대상 업종에 해당되지 아니하는 중소기업의 생산품(용역 및 서비스 포함)을 수출하고자 하는 중소기업이 각각 신청할 수 있다.

'긴급경영안정사업자금'의 융자범위는 자연재해 또는 「재해중소기업 지원지침」(중소기업청 고시)에 따라 지원이 결정된 인적 재난으로 피해를 입은 중소기업(재해중소기업)의 직접피해 복구비용, 일시적 경영애로기업 중 회생가능성이 큰 기업의 경영애로 해소 및 경영정상화에 소요되는 경비로 한다.

'수출금융지원사업자금'의 융자범위는 수출계약(L/C, D/A, D/P, Local L/C, T/T, M/T, 구매확인서, O/A, 해외조달계획에 따른 P/O) 또는 수출실적에 근거한 수출품 생산비용 등 수출

소요자금으로 한다.

'긴급경영안정사업자금'의 대출금리는 정책자금 기준금리에서 1.05%p를 가산하고, 대출기간은 5년 이내(거치기간 2년 이내 포함)이며, 대출한도는 기업당 연간 10억 원 이내(3년간 10억 원 이내)로 한다.

'수출금융지원사업자금'의 대출금리는 정책자금 기준금리에서 0.5%p를 가산하고, 대출기간은 180일 이내로 하며, 대출한도는 기업당 10억 원 이내로 한다.

3. 신용보증재단의 보증제도

가. 신용보증제도의 이해

신용보증재단중앙회는 비영리 특별법인으로서 전국 16개 광역자치단체마다 신용보증재단을 설치하여 운영하고 있다. 이 보증제도는 물적 담보력은 약하지만 사업성, 성장잠재력, 신용상태가 양호한 소기업과 소상공인의 채무를 보증해줌으로써 금융기관으로부터 원활한 자금조달을 받을 수 있게 하여 경영안정을 도모케 하는 제도이다.

나. 보증대상 및 제외·제한대상

보증의 대상은 사업자등록을 마친 소기업과 소상공인이며, 보증기관이 보증채무를 이행한 후 채권을 회수하지 못한 신용보증 사고기업과 이러한 기업의 과점주주·무한책임사원이 영위하는 기업 등은 보증의 대상에서 제외된다. 그리고 휴업 중인 기업, 금융기관에 대한 대출금을 빈번하게 연체하고 있는 기업, 사업성이 낮은 기업, 부실자료를 제출한 기업, 금융기관이나 지역 신용보증재단에 손실을 입힌 기업, 보증금지기업의 연대보증인인 기업 또는 그 연대보증인이 대표자로 되어 있는 법인기업, 보증제한업종인 도박장이나 유흥·사치업종 및 기타 신용상태가 불량하다고 판단되는 기업은 제한을 받는다.

다. 보증의 종류

O 대출보증 : 기업이 금융기관으로부터 각종의 자금을 대출받을 때 담보로 이용되는 보증으로써 운전자금 또는 시설자금의 대출을 보증한다.

O 지급보증의 보증 : 기업이 금융기관으로부터 지급보증을 받을 때 담보로 이용되는 보증으로써 대출지급보증 등의 보증제도이다.

○ 시설대여브증 : 기업이 시설대여회사로부터 기계·기구 등 필요한 시설을 대여받을 때 담보로 이용되는 보증으로써 대상 채무는 시설대여계약(리스계약)에 따라 부담하는 규정손해금이다.

○ 어음보증 : 기업이 상거래의 담보 또는 대금결제 수단으로 주고받는 어음에 대한 보증으로써 지급어음보증·받을어음보증 및 담보어음보증이 그 대상이다.

○ 이행보증 : 기업이 건설공사·물품공급·용역제공 등을 위한 입찰참가 또는 계약체결 과정에서 납부하여야 할 각종 보증금에 갈음하여 이루어지는 보증으로써 입찰보증금·계약보증금 및 하자보수보증금 등을 그 대상으로 한다.

○ 재해특례보증 : 사고 및 천재지변 등에 의한 재해 시 특별재해지역 및 일반재해지역을 나누어 보증료율을 대폭 인하하고 보증접수서류를 최소화 하며, 보증신청절차를 간소화함으로써 최우선적으로 보증을 하는 제도이다. 중소기업청이나 지방자치단체로부터 재해확인서를 발급받은 소상공인을 대상으로 한다.

○ 협약보증 : 이는 신용보증재단이 은행 및 지방자치단체와 협약을 통하여 자금난을 겪고 있는 소기업·소상공인에 대하여 특정한 자금을 일정 기간 동안 지원하는 제도이다. 이는 은행이 자체 조성한 특별자금을 대출함에 있어 신용재단이 간편한 심사절차를 거쳐 보증을 한다.

라. 보증절차

보증을 신청하려는 경우에는 가까운 보증재단이나 보증재단과 협약을 맺은 은행을 직접 방문하여야 한다. 신용조사는 서류상으로 예비확인을 한 다음 현장방문을 통하여 영업현황 등을 확인한다. 그리고 원칙적으로 기업의 실제 경영자 등의 연대보증을 받는다.

보증한도는 동일기업당 최고 8억 원까지로 하고, 제조업과 제조 관련 서비스업의 운전자금은 연간 매출액의 1/3 내지 1/4까지, 기타 업종은 연간 매출액의 1/4 내지 1/6까지로 한다.

마. 햇살론

'햇살론'은 신용등급이 낮고 소득이 적어 은행이용이 어려운 서민에게 보증지원을 통하여 생활의 안정을 돕고자 신용보증재단중앙회와 6개 금융회사가 공동으로 만든 서민 전용 대출상품을 말한다. 취급 금융기관은 지역농협, 산림조합, 수협, 신협, 새마을금고 및 상호저축은행이다.

사업자에 대한 보증비율은 95%이고, 근로자에 대한 보증비율은 90%이다. 보증료율은 1% 이내이다.

4. KODIT 신용보증기금의 보증제도

　신용보증기금은 신용보증을 통하여 중소기업의 금융을 원활히 하는 것 등을 주된 사업으로 하는 보증재단으로서 고객센터는 1588-6565이며, 홈페이지에서 영업점을 검색할 수 있다.
　신용보증은 ㉮ 보증상담신청 → ㉯ 상담 및 보증접수 → ㉰ 신용조사 → ㉱ 보증심사 및 승인 → ㉲ 보증서 발급의 절차를 거친다. 이를 이용할 수 있는 대상은 영리를 목적으로 사업을 영위하는 개인사업자와 법인이다. 다만, 도박·사행성 게임, 향락, 부동산 투기 등을 조장할 우려가 있는 업종 및 신용상태가 악화되어 기업의 계속적 유지가 어려울 것으로 판단되는 기업은 원칙적으로 이용이 제한된다.
　보증의 종류는 대출보증(일반운전자금, 무역금융, 구매자금융, Netwo Loan, 할인어음, 설비자금, 기업행복카드보증, 각종 기술개발자금 등), 신용장 개설에 대한 지급보증의 보증 등 지급보증, 회사채의 보증, 납세보증, 어음보증, 제2금융보증, 시설대여보증, 이행보증, 무역어음인수보증 및 상거래담보용보증 등이 있다.
　보증상품으로는 일반운전자금, 창업자금, 구매자금, 수출자금, 시설자금, 비금융상품, 전자상거래 및 실패한 기업주에 대한 재

자영업자가 꼭 알아야 할 법률지식 및 사업자금 조달방법

기지원보증 등이 있다.

5. 소상공인시장진흥공단의 자금지원

가. 공통사항

 소상공인진흥공단은 전국소상공인진흥센터(☎1588-5302)를 통하여 소상공인의 금융을 지원한다. 각 지역 소상공인지원센터는 인터넷 홈페이지에서 검색이 가능하다. 여기에서 말하는 소상공인이란 상시근로자 5인 미만의 사업장을 말한다. 다만, 제조업·건설업·운송업·광업은 상시근로자 10인 미만으로 한다.
 대출자금의 최고한도는 5억 원까지로 하되, 운전자금은 1억 원을 최고한도로 한다. 대출기간은 거치기간 2년을 포함하여 5년이며, 장애인의 경우에는 거치기간 2년을 포함하여 7년 이내로 한다. 상환방식은 거치기간 경과 후 상환기간 동안 대출금의 70%를 3개월마다 균등상환하고, 나머지 30%는 상환기간 만료시에 일시불로 상환한다.
 융자절차는 진흥공단 지역센터에서 상담·접수하고, 신용보증기관의 신용평가를 거쳐 대출은행에서 신용·담보·보증의 방식으로 대출하는 시스템이다. 신용보증서를 발급하는 신용평기기관은 지역신용보증재단과 신용보증기금이다.

나. 소상공인성장기반자금

○ 소상공인창업자금 : 사업개시 12개월 이내의 소상공인 및 소상공인사관학교 졸업생 중 창업자를 대상으로 한다. 금리는 연 2.94%로 하되, 소상공인창업학교 졸업생은 연 2.79%를 적용한다.
○ 사업전환자금 : '소상공인재창업패키지' 사업을 이수한 유망·특화업종 분야 예비창업자를 대상으로 한다. 금리는 2.79%이다.
○ 소상공인특화자금 : 제조업을 영위하는 상시근로자 수 10인 미만의 소상공인을 대상으로 한다. 이는 '중소기업진흥공단 기업금융처(055-751-9000)'에서 안내 및 접수를 한다. 금리는 연 2.94%이다.

다. 소상공인경영안정자금

○ 일반경영안정자금 : 「소기업 및 소상공인지원 특별법」에 따른 소상공인을 대상으로 한다. 여기의 소상공인은 주점 등 유흥업종과 입시학원업종을 제외한 상시근로자 5인 미만의 소상공인(제조·건설·운수·광업은 10인 미만)을 말한다. 금리는 2.94%이며, 장애인기업은 2.5%의 고정금리를 적용한다.

○ 긴급경영안정자금 : 매년 발생가능성이 높은 집중호우·태풍·폭설·화재 등으로 인하여 피해를 입은 재해소상공인을 대상으로 한다. 재해확인증은 각 지방 중소기업청 및 시·구·군·읍·면·동에서 발급한다. 금리는 2.5%의 고정금리를 적용한다.

○ 임차보증금안심금융 : 업종전환 또는 폐업예정자로서 임대차 잔여계약기간이 1년 미만이고,「상가건물 임대차보호법」상 권역별 환산보증금〔임대보증금 + (월임료 × 100)〕이 보호범위 내인 임차인을 대상으로 한다.

○ 전환대출자금 : 제2금융권에서 대출을 받은 후 6개월 이상 성실히 상환 중인 신용 4 내지 5등급의 소상공인과 희망리턴패키지 졸업 후 취업에 성공한 사람을 대상으로 한다. 금리는 연 7%의 고정금리를 적용한다.

6. 미소금융중앙재단의 대출지원

가. 미소금융에 관한 이해

'미소금융'이란 제도권 금융기관의 이용이 어려운 사람들(저소득·저신용계층)에게 자활에 필요한 창업자금, 운영자금 등을 무담보·무보증으로 지원하는 소액대출 사업을 말한다.

나. 지원대상 및 부적격자

○ 지원대상자 : ㉮ 대출신청일 현재 「국민기초생활보장법」 제2조에 따른 수급권자 및 차상위계층에 해당하는 자영업자 및 창업예정자
㉯ 「조세특례제한법」 제100조의3에 따른 근로장려금 신청자격 요건에 해당하는 자영업자 및 창업예정자
㉰ 개인신용 7등급 이하로서 저소득·저신용계층에 해당하는 자영업자 및 창업예정자

○ 부적격대상 : ㉮ 전국은행연합회 신용정보전산망에 신용도판단정보 및 공공정보가 등재된 자
㉯ 미소금융중앙재단(민간복지사업자, 미소금융재단 포함), 정부·지방자치단체 등으로부터 금융지원을 받은 자
㉰ 어음·수표 부도거래처로서 동 사유를 해소하지 아니한 자
㉱ 책임재산을 도피·은닉 기타 책임재산의 감소행위를 초래한 자
㉲ 제조업, 금융·보험업 및 관련 서비스업, 사치성향적 소비나 투기를 조장하는 업종

⑭ 등 생활형 서비스업 이외의 업종을 창업예정이거나 운영 중인 자

㉱ 위 ㉮에도 불구하고 제조업의 경우 과자점, 양복점, 양장점, 제분업(떡방앗간) 등 제조업종으로 분류되거나 5인 미만 영세가내수공업에 해당하는 업체는 지원대상에 포함한다.

㉲ 「중소기업 진흥에 관한 법률」 제67조 및 「중소기업창업지원법」 제4조에 의하여 중소기업청이 공고하는 소상공인지원자금 융자 제외업종을 창업예정이거나 운영 중인 자

㉳ 신청인 소유의 재산에 가등기, (가)압류, 가처분, 경매진행 등 법적 절차가 진행 중인 것으로 확인되는 자

㉴ 기타 사회통념상 저소득·저신용층으로 보기 어렵거나 미소금융 지원 취지에 부합하지 아니하다고 판단되는 자

다. 대출종류

1) 창업자금 : 대출한도는 7천만 원, 거치기간은 최대 1년, 상환기간은 5년 이내, 이자율은 연 4.5% 이내, 상환방법은 원리금 균분상환

- 사업장임차보증금 : 최대 7천만 원
- 프랜차이즈 창업자금 : 최대 7천만 원
- 생계형 차량구입 : 최대 2천만 원
- 창업초기 운영·시설자금 : 최대 2천만 원
- 사업자등록이 없는 사업자 : 최대 5백만 원

2) 운영자금 : 대출 최고한도는 2천만 원이그, 상환기간은 5년이며, 이자율은 거치기간(최대 6개월) 동안에는 2%, 상환기간 동안에는 4.5%이다. 원리금의 상환은 균등분할상환 방식이다.
- 사업자등록을 하고 본인 명의(임차 포함)의 사업장이 존재하는 자영업자 : 최대 2천만 원
- 인적 용역 사업소득자(프리랜서) : 최대 1천만 원
- 사업자등록이 없는 사업자 : 최대 5백만 원

3) 시설개선자금 : 대출한도는 2천만 원, 거치기간은 최대 6개월 이내, 상환은 5년 균분상환, 이자율은 거치기간 동안은 연 2%, 상환기간 동안에는 4.5%의 조건이다.
- 대출한도는 실소요액의 범위에서 가능하며, 2천만 원까지이다.

4) 대학생·청년 햇살론 : 대출한도는 8백만 원, 거치기간 4년 이내 및 상환기간 5년 동안 4.5%의 이율이 적용된다. 만19세 내지 29세(군필자는 만31세)의 청년 및 대학생 중 차상위계층 이하 또는 신용등급이 7등급 이하인 자를 대상으로 1년

최대 300만 원을 한도로 한다.
5) 임대주택보증금 : 대출한도는 2천만 원이고, 거치기간 없이 상환기간 2년 이내에 연 2.5%의 이율이 적용된다.
   - LH공사의 국민임대주택에 거주하거나 거주예정인 자
   - 전환보증금에 한하여 대출지원
   - 임대차계약 연장 시 또는 상환기간 추가연장 시
   - 제외 : 임대차 잔여기간이 3개월 미만이거나 임대료를 채납 중인 자
6) 취업성공대출 : 대출한도는 300만 원이고, 3년 이내의 상환기간 동안 연 5.5%의 이율이 적용된다. 고용노동부에서 진행하는 '취업성공패키지'를 이수하고, 3개월 이내에 취업한 자를 대상으로 하며, 취업 후 근속기간이 3개월 이상인 자는 제외한다.
7) 기타조건 : 신청일 현재 금융기관으로부터 미소금융과 유사한 성격의 대출 등 금융지원을 받은 경우(예정 포함)에는 대출과목별 한도에서 이를 차감한 잔여한도의 범위에서 지원한다.

자영업자가 꼭 알아야 할 법률지식 및 사업자금 조달방법

2015년 9월 15일 1판 1쇄 인쇄
2015년 9월 25일 1판 1쇄 발행

저　자　최 종 배
발 행 인　김 용 성
발 행 처　법률출판사
서울시 동대문구 휘경동 187-20 오스카빌딩 4층
☎ 02)962-9154   팩스 02)962-9156
등록번호　제1-1982호
E-mail : lawnbook@hanmail.net

정가 15,000원　　　　ISBN 978-89-5821-265-2   13360
본서의 무단전재·복제를 금합니다.